GUSTAV FREYTAG

DER STAAT
FRIEDRICHS DES GROSSEN

GUSTAV FREYTAG

DER STAAT
FRIEDRICHS DES GROSSEN

(BILDER AUS DER DEUTSCHEN VERGANGENHEIT, VIERTER BAND)

*WITH AN APPENDIX OF POEMS
ON FREDERICK THE GREAT*

ORIGINALLY EDITED BY

WILHELM WAGNER, PH.D.
Late Professor at the Johanneum, Hamburg

REVISED AND ENLARGED EDITION BY

KARL BREUL, M.A., LITT.D., PH.D.
Schröder Professor of German in the University of Cambridge

CAMBRIDGE
AT THE UNIVERSITY PRESS
1924

CAMBRIDGE UNIVERSITY PRESS
Cambridge, New York, Melbourne, Madrid, Cape Town, Singapore,
São Paulo, Delhi, Dubai, Tokyo, Mexico City

Cambridge University Press
The Edinburgh Building, Cambridge CB2 8RU, UK

Published in the United States of America by Cambridge University Press, New York

www.cambridge.org
Information on this title: www.cambridge.org/9780521158497

First Edition 1877.
Reprinted 1877, 1881 (twice), 1893, 1899, 1912.
Second Edition, 1924.
First paperback edition 2010

A catalogue record for this publication is available from the British Library

ISBN 978-0-521-05038-8 Hardback
ISBN 978-0-521-15849-7 Paperback

PREFACE

FREYTAG'S valuable essay 𝔄𝔲𝔰 𝔡𝔢𝔪 𝔖𝔱𝔞𝔞𝔱 𝔉𝔯𝔦𝔢𝔟𝔯𝔦𝔠𝔥𝔰 𝔡𝔢𝔰 𝔊𝔯𝔬𝔰̧𝔢𝔫 was edited for the first time with English notes, nearly fifty years ago (in 1877), by Wilhelm Wagner for the Pitt Press Series. He gave it the abbreviated title 𝔇𝔢𝔯 𝔖𝔱𝔞𝔞𝔱 𝔉𝔯𝔦𝔢𝔟𝔯𝔦𝔠𝔥𝔰 𝔡𝔢𝔰 𝔊𝔯𝔬𝔰̧𝔢𝔫. In it Freytag's text, which varies slightly in the numerous German editions, was reproduced by the editor with a few minor alterations and excisions to adapt it for use in schools. This edition was reprinted several times, but for some years has been out of print. Another annotated school edition, prepared by Herman Hager and first published in London[1], in 1886, is also no longer obtainable. As the essay is specially adapted for study in the higher forms of schools, and is frequently prescribed for examinations, the Syndics of the University Press asked me to prepare a new edition for the Pitt Press Series, and I gladly acceded to their request.

The text as adopted by the first editor and the slightly abbreviated title has been retained, but the obsolete spelling has been altered throughout, in conformity with the principles of the Spelling Reform universally adopted in all German-speaking countries. Many of Wagner's notes on the text have been retained, especially his numerous references to Carlyle's 'Frederick the Great,' but a good many have been cut out or reduced to make room for new notes contributing to the further elucidation of the text. At the end of Freytag's essay Dr Wagner had added three poems by contemporaries of Frederick the Great (Gleim, Kleist, and Schubart) as specimens of the enthusiasm excited throughout Germany by the stirring deeds of the Prussian King.

In the present edition the first two have been reprinted in

[1] The publishers were Messrs Longmans, Green & Co. This edition was reprinted in 1891.

their entirety, but the beginning only of Schubart's poem has been retained, as it gives an adequate idea of the style of this lengthy dithyrambic poem. But in order to convey an idea of the way in which Frederick and his soldiers are referred to in German poems written both before and after the King's death, five comparatively short later poems of very varied character have been added. An Introduction briefly dealing with the life and literary work of Freytag and indicating the importance of his essay on Frederick the Great has also been added. It has been justly pointed out by Dr Hager that "there are few English schoolboys whose notions of Frederick the Great of Prussia are not mainly derived from Macaulay …whose essay on Frederick, brilliant though it be, is confessedly one-sided and does but scant justice to the great King's finer qualities. Carlyle's appreciative Life (in six large volumes) is too bulky to serve as a corrective…, and for a brief estimate of Frederick's character and importance nothing better can be found than Freytag's essay."

For this reason it is hoped that in its present revised and enlarged form this little book may prove to be no less acceptable to students of German history and literature than the editions that were prepared many years ago by Wilhelm Wagner and Herman Hager. I am indebted to the book of my late friend Dr Hager for several happy renderings suggested in his notes, while some other translations are taken from Mr E. H. Babbitt's American translation.

In conclusion I wish to express my cordial thanks to my friends the Rev. Dr Latimer Jackson and Miss M. Steele Smith, Tutor and Lecturer in English at Newnham College, for very useful suggestions and for valuable help in revising the proofs for the Press.

K. B.

BARTON COTTAGE,
CAMBRIDGE.
December, 1923.

TABLE OF CONTENTS

		PAGE
INTRODUCTION		ix—xv
SOME BOOKS OF REFERENCE . . .		xvi
TEXT:		1—72
FREYTAG, DER STAAT FRIEDRICHS DES GROSSEN		1—61
POEMS ON FREDERICK THE GREAT . . .		62—72
1. GLEIM		62—63
2. KLEIST		63—64
3. SCHUBART		65—66
4. ALEXIS		66—67
5. FONTANE		68—69
6. GEIBEL		69—71
7. RÜCKERT		71—72
NOTES		73—123

INTRODUCTION

LIFE AND WORKS OF FREYTAG

ESTIMATE OF
AUS DEM STAAT FRIEDRICHS DES GROSSEN

GUSTAV FREYTAG was born in 1816 at Kreuzburg in Upper Silesia, a small Prussian town near the Polish frontier and east of Breslau, the capital of the province of Silesia. His father was a doctor, and for many years mayor of the town; other relatives farmed estates in the country. Thus young Freytag was familiar from early youth with town and country life, and also with the conditions obtaining in German and in Polish towns and villages. The intimate knowledge of these conditions and of the important work done by the German settlers in the Eastern provinces was subsequently utilized by Freytag in some of his historical and novelistic writings. He received his early training at a grammar school from which he proceeded in 1835 to the University of Breslau. Here he soon became deeply interested in the study of German antiquities and of early German literature, subjects which had only just begun to be studied seriously in German Universities. After a year he migrated from Breslau to Berlin where he continued his study of the older German literature and obtained the degree of Ph.D. (Doctor of Philosophy) on a thesis on the origins of the German drama. The choice of this subject showed the early interest in the drama of a man who in later years distinguished himself as a writer and as a critic of plays. Having taken his degree he returned for some years to Breslau where, as a *Privatdozent*, he gave lectures on German literature, continued his own studies of the drama, and also produced some literary work of his own; but when the University authorities refused to sanction a course of lectures that he intended to deliver on German civilisation, he gave up lecturing. In 1847 he married a countess, left Prussia, and settled for a time in Dresden from where he moved in 1848 to Leipzig. For several years he was deeply engrossed in the development of German politics after the revolution of 1848, and took an active part in the shaping of enlightened German public opinion after the bitter disillusionment of the years following the high hopes of 1848. Together with a friend, the critic and literary historian Julian Schmidt, Freytag purchased the ownership of *Die Grenzboten*, a political and literary journal, which they made an organ of sound and temperate liberalism. In this paper Freytag steadily advocated the establishment of a united Germany under the leadership of Prussia, with the exclusion of Austria, and constitutional government based on the active participation of the middle classes. Although born in Prussia and supporting the claims of Prussia to political leadership of Germany—ideals that were fulfilled in 1866—Freytag was never narrow in his views and always judged German affairs not as a Prussian but as a German. From 1847 to the day of his death he lived in Middle Germany, at Dresden, Leipzig, on his estate of Siebleben near Coburg, and at Wiesbaden, where he died, in 1895, at the ripe old age of 79. He had the good fortune to live long enough to see the realisation of all his most cherished political hopes and to find himself honoured all over Germany as a truly national writer[1].

Freytag is one of the most many-sided German writers of the middle of the nineteenth century, the 'silver age' of German literature. He distinguished himself as a journalist, an essayist, a critic (especially of drama), a biographer, an historian, a dramatist, and above all as a writer of novels. In several branches

[1] A fuller account of Freytag's life, by H. W. Eve, may be found in his introduction to Freytag's masterly comedy *Die Journalisten*, published in 1900 for the Pitt Press Series. An account by Ernest F. Henderson, with an excellent portrait of the poet, is prefixed to a translation of *Die Journalisten* and of Freytag's essays on Doctor Luther and Frederick the Great (from his 'Pictures of the German Past') in Volume XII. of the valuable American publication 'The German Classics of the nineteenth and twentieth centuries. Masterpieces of German literature translated into English,' by various authors, in twenty volumes, illustrated. The German Publication Society, New York [1914].—Freytag's collected works, in 22 volumes, appeared at Leipzig, 1886–88, second edition, 1896–98.

of literature he has produced at least one work of outstanding merit. As a writer he is a realist in the best sense of the word; he was a scholar and at the same time a man of the world, familiar with the political and social conditions of his native land in ancient and modern times; he was acquainted with 'all sorts and conditions of men,' a friend and confidant of princes, courtiers, scholars, artists, politicians, merchants, and farmers, all of whom he represented faithfully, and often with delightful humour, in his plays, novels, and 'pictures from the German past.' Although his style and the spirit pervading his works are essentially German, yet he learned from several foreign writers. His dramas owe much to the study of Scribe and other French dramatists, while in his novels on modern life the influence of Dickens is clearly perceptible. He has himself given full information about his friendships, his studies and his literary obligations in his interesting autobiography.

As a journalist Freytag wrote for many years (1848–1870 and later) a large number of valuable political and literary articles and essays which appeared in his own bi-monthly journal *Die Grenzboten*. He retired from the editorship in 1870 when he felt that the mission of the paper had been fulfilled. After the foundation of the German Empire, in 1871, he contributed for a time to the Liberal journal called *Im neuen Reich*. Many of the best articles originally published in these journals were subsequently republished in the two volumes of his collected essays. They are all distinguished by the author's good taste, finished style, wide reading and historical method of investigation.

Freytag's *Bilder aus der deutschen Vergangenheit*[1] has become a popular classic in Germany. These 'pictures' are a unique pro-

---

[1] Freytag first collected some of the *Bilder* in 2 volumes (in 1859). Subsequently he revised this collection, altering the wording in a number of cases, and adding many other sketches. The whole series was ultimately published in chronological order, 4 parts in 5 volumes, and is being constantly reprinted. Some of the sketches are now easily accessible in cheap German school editions, such as the essay *Aus dem Staat Friedrichs des Großen* (with a short introduction by Paul Cauer, Leipzig, 1898, ⁵1917). For the translation into English (by E. H. Babbitt), see the note at the bottom of page x.

often amusing types of the academic world, partly on a large estate where the hero of the story, a famous professor, finds not the lost manuscript but the helpmate of his life. At the end of the novel the reader is introduced to a small court, into the intrigues of which the professor and his wife are drawn for a time. Both novels are essentially true to life and are permeated with a refreshing sense of humour that often reminds one of Dickens, although Freytag's humour is expressed in not quite the same way as that of the English writer. In 1870, at the invitation of his friend and patron, the Crown Prince of Prussia, Freytag became for some months an observer of events in the initial stages of the Franco-German War. Here he conceived the idea of his final production in novel-form; a cycle of historical novels in chronological order once more giving, as a counterpart of his historical sketches, pictures of the German past and ranging again from the heroic age of the Migration of Nations to the revolution of 1848. He called this cycle of nine novels (in six volumes) *Die Ahnen* (1872–78). In 'The Ancestors' he endeavoured to depict the political and social conditions, the life and thought of many generations as reflected in the lives of the members of one and the same family. Assuming that the general characteristics of a family do not vary very much with the lapse of time, Freytag endeavoured to show how these characteristic family traits persist while the fates of the principal persons are shaped by the different ages in which they live. The scene of the first four novels is laid in Thuringia, which Freytag knew intimately; the action of the next four takes place in the German East, across the Oder, whither at the end of the fourth story the hero had migrated with the Knights of the Teutonic Order. Here again the problems arising from the introduction of German civilisation into Slavonic districts attracted the author as it had attracted him when writing the second part of *Soll und Haben* and as it had been touched upon by him in *Der Staat Friedrichs des Großen* (see pp. 50–59 of this edition). The nine novels, in the earlier ones of which Freytag attempted to imitate the language and style of the primitive times, are of unequal value as works of art, but the pictures they give of Old German thought and conditions are faithful and interesting.

On Freytag's essay *Aus dem Staat Friedrichs des Großen* reprinted on the following pages Dr Hager[1] has given the following appropriate comments: "In this sketch we have not a detailed account of the facts of Frederick's life; a knowledge of its bare outlines is assumed, and the author directs his attention mainly to the working of his hero's mind, to the gradual building up of that character which came to be the moulding force of Germany, perhaps even to the Europe of his day. We use the word 'hero' advisedly, for as such Dr Freytag shows him to us, yet the essay is by no means blindly laudatory, as is sufficiently proved by the numerous passages in which various features in the character of Frederick and his ancestors are adversely criticised. In addition to the impartial spirit thus shown, the essay has yet another merit: Dr Freytag draws attention to one side of Frederick's work which has been only too much neglected, viz. that of the writer, and especially the historian. A German to the very backbone, yet writing only in French, Frederick has been almost entirely ignored by both French and German writers on literature, and Carlyle in his six volumes finds room only for a few casual and almost contradictory remarks on this point....As regards Dr Freytag's style, it seems peculiarly suited to its subject, being vigorous and terse to a marked degree, yet rising at times to real eloquence, in spite of the studied compression, which may seem at first a little perplexing to the reader." Certainly for foreign readers there can be no better introduction either to the study of the life and achievements of the great king and the stirring times in which he is the central figure, or to the enjoyment of some of the larger literary productions of Freytag than this brilliant essay.

[1] Herman Hager's school edition, with Introduction and English notes (published in London in 1886 by Messrs Longmans, Green and Co., new edition, 1891) is now out of print.

SOME BOOKS OF REFERENCE

THOMAS CARLYLE. History of Friedrich II of Prussia, called
Frederick the Great. London, 1858–65. 6 Volumes. With
illustrations.

W. F. REDDAWAY. Frederick the Great and the rise of Prussia.
New York and London, 1904. With illustrations. [In the
Series 'Heroes of the Nations.']

LORD MACAULAY'S Essay on Frederick the Great was first published in 1855, it is now printed among his 'Critical and Historical Essays,' contributed to the 'Edinburgh Review.' Many
editions.

REINHOLD KOSER. Friedrich der Große als Kronprinz. Stuttgart, 1886.

REINHOLD KOSER. König Friedrich der Große. 2 Vols. Vol. I.
Stuttgart, 1893. Vol. II. Stuttgart, 1903. 3rd ed., 1904.

MAX HEIN. Friedrich der Große. With many illustrations.
No. 35/36 of Velhagen und Klasing's 'Volksbücher.' Bielefeld
and Leipzig. No year. Cheap and popular.

[Fuller information as to books and articles dealing with
Frederick is contained in the books by Koser, and in the
Preface of Reddaway's 'Frederick the Great.']

Der Staat Friedrichs des Großen

Was war es doch, das seit dem dreißigjährigen Kriege die Augen der Politiker auf den kleinen Staat heftete, der sich an der östlichen Nordgrenze Deutschlands gegen Schweden und Polen, gegen Habsburger und Bourbonen heraufrang? Das Erbe der Hohenzollern war kein reichgesegnetes Land, in dem der Bauer behaglich auf wohlbebauter Hufe saß, welchem reiche Kaufherren in schweren Galeonen die Seide Italiens, die Gewürze und Barren der neuen Welt zuführten. Ein armes, verwüstetes Sandland war's, die Städte ausgebrannt, die Hütten der Landleute niedergerissen, unbebaute Äcker, viele Quadratmeilen entblößt von Menschen und Nutzvieh, den Launen der Urnatur zurückgegeben. Als Friedrich Wilhelm 1640 unter den Kurhut trat, fand er nichts als bestrittene Ansprüche auf zerstreute Territorien von etwa 1450 Quadratmeilen, in allen festen Orten seines Stammlandes saßen übermächtige Eroberer. Auf einer unsichern Öde richtete der kluge Fürst seinen Staat ein, mit Heldenkraft und großem Sinn, der mehr als einmal die deutsche Ehre höher faßte als der Kaiser oder ein anderer Fürst des Reiches. Und als der große Politiker 1688 starb, war, was er hinterließ, doch nur ein geringes Volk, gar nicht zu rechnen unter den Mächten Europas. Denn seine Herrschaft umfaßte zwar 2034 Quadratmeilen, aber höchstens 1,300,000 Menschen. Auch als Friedrich II. hundert Jahr nach seinem

Ahnherrn die Regierung antrat, erbte er nicht mehr als
2,240,000 Seelen, weniger als jetzt die eine Provinz Schlesien umfaßt. Was war es also, das sogleich nach den
Schlachten des Dreißigjährigen Krieges die Eifersucht aller
5 Regierungen, zumal des Kaiserhauses, erregte, das seither dem
brandenburgischen Wesen so warme Freunde, so erbitterte
Gegner zugeführt hat? Durch zwei Jahrhunderte wurden
Deutsche und Fremde nicht müde, auf diesen neuen Staat
zu hoffen, ebenso lange haben Deutsche und Fremde nicht
10 aufgehört, ihn zuerst mit Spott, dann mit Haß einen künst-
lichen Bau zu nennen, der starke Stürme nicht auszuhal-
ten vermöge, der ohne Berechtigung sich unter die Mächte
Europas eingedrängt habe. Und wie kam es endlich, daß
schon nach dem Tode Friedrichs des Großen unbefangene
15 Beurteiler ermahnten, man möge doch aufhören, dem viel-
gehaßten den Untergang zu prophezeien? Nach jeder Niederlage sei er um so kräftiger in die Höhe geschnellt, alle Schäden
und Kriegswunden würden dort schneller geheilt, als wo
anders; Wohlstand und Intelligenz nehme dort in größeren
20 Verhältnissen zu, als in einem andern Teile von Deutschland!

Allerdings war ein eigentümliches Wesen, eine neue
Schattierung des deutschen Charakters, was auf dem eroberten
Slawengrunde in den Hohenzollern und ihrem Volke zu
25 Tage kam. Mit herausfordernder Schärfe erzwang sich dies
Neue Geltung. Es schien, daß die Charaktere dort größere
Gegensätze umschlossen; denn Tugenden und Fehler seiner
Regenten, Größe und Schwäche seiner Politik kamen in
schneidenden Kontrasten zu Tage, die Beschränktheiten er-
30 schienen auffälliger, das Widerwärtige massenhafter, das
Bewunderungswerte erstaunlicher; es schien, daß dieser

Staat das Seltsamste und Ungewöhnlichste erzeugen, und
nur die ruhige Mittelmäßigkeit, die sonst so erträglich und
förderlich sein mag, nicht ohne Schaden vertragen könne.

Viel tat die Lage des Landes. Es war ein Grenzland,
zugleich gegen Schweden, Slawen, Franzosen und Holländer. 5
Kaum eine Frage der europäischen Politik gab es, die nicht
auf Wohl und Wehe des Staats einwirkte, kaum eine Verwicklung, welche tätigen Fürsten nicht Gelegenheit gab,
Ansprüche geltend zu machen. Seit dem ersten Jahre, in
welchem Kurfürst Friedrich Wilhelm seine eigenen Festungen 10
durch List und Gewalt in Besitz nehmen mußte, wurde
offenbar, daß dort an der Ecke des deutschen Bodens ein
kräftiges, umsichtiges, waffentüchtiges Regiment zur Rettung
Deutschlands nicht entbehrt werden könne. Seit dem Beginn
des französischen Krieges von 1674 erkannte Europa, daß 15
die schlaue Politik, welche von dieser kleinen Ecke ausging,
auch das staunenswerte Wagnis unternahm, die Westgrenze
Deutschlands gegen den übermächtigen König von Frankreich
heldenhaft zu verteidigen.

Es lag vielleicht auch etwas Auffallendes in dem Stamm- 20
charakter des brandenburgischen Volkes, an dem Fürsten und
Untertanen gleichen Teil hatten. Die preußischen Landschaften hatten den Deutschen bis auf Friedrich den Großen
verhältnismäßig wenig von Gelehrten, Dichtern und Künst-
lern abgegeben. Selbst der leidenschaftliche Eifer der Re- 25
formationszeit schien dort abgedämpft. Die Leute, welche
in dem Grenzlande saßen, meist von niedersächsischem
Stamme, mit geringer Beimischung von Slawenblut, waren
ein hartes, knorriges Geschlecht, nicht vorzugsweise anmutig
in den Formen ihres Lebens, aber von einem ungewöhnlich 30
scharfen Verstande, nüchtern im Urteil; in der Hauptstadt

schon seit alter Zeit spottlustig, von beweglicher Zunge, in allen Landschaften großer Anstrengungen fähig, arbeitsam, zäh, von dauerhafter Kraft.

Aber mehr als Lage und Stammcharakter des Volkes
5 schuf dort der Charakter der Fürsten. In anderer Weise, als irgendwo seit den Tagen Karl des Großen geschah, haben sie ihren Staat gebildet. Manches Fürstengeschlecht zählte eine Reihe glücklicher Vergrößerer des Staats, auch die Bourbonen haben weites Gebiet zu einem großen Staats-
10 körper zusammengezogen; manches Fürstengeschlecht hat einige Generationen tapferer Krieger erzeugt, keines war tapfrer als die Wasa und die protestantischen Wittelsbacher in Schweden. Aber Erzieher des Volkes ist keins gewesen wie die alten Hohenzollern. Als große Gutsherren auf
15 verwüstetem Lande haben sie die Menschen geworben, die Kultur geleitet, durch fast hundertfünfzig Jahre als strenge Hauswirte gearbeitet, gedacht, geduldet und gewagt, um ein Volk für ihren Staat zu schaffen, wie sie selbst: hart, sparsam, gescheit, keck, das Höchste für sich begehrend.

20 In solchem Sinne hat man Recht, den Charakter des preußischen Staats zu bewundern. Von den vier Fürsten, welche ihn seit dem deutschen Kriege bis zu dem Tage regierten, wo der greise König in Sanssouci die müden Augen schloß, hat jeder mit seinen Tugenden und Fehlern wie eine
25 notwendige Ergänzung seines Vorgängers gelebt. Kurfürst Friedrich Wilhelm, der größte Staatsmann aus der Schule des deutschen Krieges, der prachtliebende erste König Friedrich, der sparsame Despot Friedrich Wilhelm I., zuletzt er, in welchem sich die Anlagen und großen Eigenschaften fast aller
30 seiner Vorfahren zusammen fanden, im achtzehnten Jahrhundert die Blüte des Geschlechts.

Es war ein freudeleeres Leben im Königsschloß zu Berlin,
als Friedrich heranwuchs, so arm an Liebe und Sonnenschein,
wie in wenig Bürgerhäusern jener rauhen Zeit. Man darf
zweifeln, ob der König, sein Vater, oder die Königin größere
Schuld an der Zerrüttung des Familienlebens hatten, beide 5
nur durch Fehler ihres Naturells, welche in den unaufhör=
lichen Reibungen des Hauses immer größer wurden. Der
König, ein wunderlicher Tyrann, mit weichem Herzen, aber
einer rohen Heftigkeit, die mit dem Stock Liebe und Vertrauen
erzwingen wollte, von scharfem Menschenverstand, aber so 10
unwissend, daß er immer in Gefahr kam, Opfer eines
Schurken zu werden, und in dem dunklen Gefühl seiner
Schwäche wieder mißtrauisch und von jäher Gewaltsamkeit;
die Königin dagegen, keine bedeutende Frau, von kälterem
Herzen, mit einem starken Gefühl ihrer fürstlichen Würde, 15
dabei mit vieler Neigung zur Intrigue, ohne Vorsicht und
Schweigsamkeit. Beide hatten den besten Willen und gaben
sich ehrlich Mühe, ihre Kinder zu tüchtigen und guten
Menschen zu machen, aber beide störten unverständig das ge=
sunde Aufleben der Kinderseele. Die Mutter hatte die Takt= 20
losigkeit, die Kinder schon im zarten Alter zu Vertrauten ihres
Ärgers und ihrer Intriguen zu machen; denn über die
unholde Sparsamkeit des Königs, über die Schläge, die er so
reichlich in seinen Zimmern austeilte, und über die einför=
mige Tagesordnung, die er ihr aufzwang, nahm in ihren 25
Gemächern Klage, Groll, Spott kein Ende. Der Kronprinz
Friedrich wuchs im Spiel mit seiner älteren Schwester heran,
ein zartes Kind mit leuchtenden Augen und wunderschönem
blonden Haar. Pünktlich wurde ihm grade so viel gelehrt
als der König wollte, und das war wenig genug: kaum etwas 30
lateinische Deklination — der große König ist nie über die

Schwierigkeiten des Genitivs und Dativs herausgekommen—, Französisch, etwas Geschichte, und was einem Soldaten damals für nötig galt. Die Frauen brachten dem Knaben, der sich gern gehen ließ und in Gegenwart des Königs scheu und
5 trotzig aus den Kinderaugen sah, das erste Interesse an französischer Literatur bei; er selbst hat später seine Schwester darum gerühmt, aber auch seine Gouvernante war eine kluge Französin. Daß dem König das fremde Wesen verhaßt war, trug sicher dazu bei, es dem Sohne wert zu machen, denn
10 fast systematisch wurde in den Appartements der Königin das gelobt, was dem strengen Hausherrn mißfiel. Und wenn der König in der Familie eine seiner polternden frommen Reden hielt, dann sahen die Prinzeß Wilhelmine und der junge Friedrich einander so lange bedeutsam an, bis das
15 herausfordernde Gesicht, das eines der Kinder machte, die kindische Lachlust erregte und den Grimm des Königs zum Ausbruch brachte. Dadurch wurde der Sohn schon in frühen Jahren dem Vater ein Gegenstand des Ärgers. Einen effeminierten Kerl schalt er ihn, der sich malpropre halte und
20 eine unmännliche Freude an Putz und Spielereien habe.

Aber aus dem Bericht seiner Schwester, deren schonungslosem Urteil der Tadel leichter wird als das Lob, ist auch zu sehen, wie die Liebenswürdigkeit des reichbegabten Knaben auf seine Umgebung wirkte. Aber selbst bei harmlosen Freuden
25 wurde der Prinz fortwährend in Lüge, Täuschung, Verstellung gedrängt. Er war stolz, hochgesinnt, großmütig, von rücksichtsloser Wahrheitsliebe. Daß ihm die Verstellung innerlichst widerstand, daß er sich, wo sie verlangt wurde, nicht dazu herablassen wollte, und wo er es einmal tat,
30 ungeschickt heuchelte, das machte seine Stellung zum Vater immer schwieriger; größer wurde das Mißtrauen des Königs,

immer wieder brach dem Sohn das verletzte Selbstgefühl
als Trotz hervor.

So wuchs er auf, von plumpen Spionen umgeben, welche
dem König jedes Wort zutrugen. Ein Gemüt von den
reichsten Anlagen, der feinsten geistigen Begehrlichkeit, ohne 5
jede männliche Gesellschaft, die für ihn gepaßt hätte. Kein
Wunder, daß der Jüngling auf Abwege geriet. Der
preußische Hof konnte im Vergleich zu den andern Höfen
Deutschlands für einen sehr tugendhaften gelten; aber seit
einem Besuch an dem liederlichen Hofe in Dresden begann 10
es Prinz Friedrich zu treiben, wie andere Prinzen seiner Zeit,
er fand gute Kameraden unter den jungen Offizieren seines
Vaters. Wir wissen aus dieser Zeit wenig von ihm, aber
wir dürfen schließen, daß er dabei allerdings in einige Gefahr
kam, nicht zu verderben, aber in Schulden und unbedeutenden 15
Verhältnissen wertvolle Jahre zu verlieren. Es war sicher
nicht der steigende Unwille des Vaters allein, der ihn in
dieser Zeit verstimmte und ratlos umherwarf, sondern eben
so sehr ein inneres Mißbehagen, das den unfertigen Jüngling
um so wilder in die Irre treibt, je größer die stillen An= 20
sprüche sind, die sein Geist an das Leben macht.

Er beschloß nach England zu entfliehen. Wie die Flucht
mißlang, wie der Zorn des Vaters gegen den fahnenflüchtigen
Offizier aufbrannte, ist bekannt. Mit den Tagen seiner
Gefangenschaft in Küstrin und dem Aufenthalt in Ruppin 25
begannen seine ernsten Lehrjahre. Das Fürchterliche, das er
erfahren, hatte auch neue Kraft in ihm wachgerufen. Er
hatte alle Schrecken des Todes, die greulichsten Demüti=
gungen mit fürstlichem Stolze ertragen. Er hatte über die
größten Rätsel des Lebens, über den Tod und was darauf 30
folgen soll, in der Einsamkeit seines Gefängnisses nachgedacht,

er hatte erkannt, daß ihm nichts als Ergebung, Geduld,
ruhiges Ausharren übrig bleibe. Aber das bittere, herzfres=
sende Unglück ist doch keine Schule, welche nur das Gute
herausbildet; auch manche Fehler wachsen dabei groß. Er
5 lernte in stiller Seele seine Entschlüsse bewahren, mit Arg=
wohn auf die Menschen sehn und sie als seine Werkzeuge
gebrauchen, sie täuschen und mit einer kalten Klugheit lieb=
kosen, von welcher sein Herz nichts wußte. Er mußte dem
feigen, gemeinen Grumbkow schmeicheln, und froh sein, daß
10 er ihn allmählich für sich gewann; er mußte sich Jahre
lang immer wieder Mühe geben, den Widerwillen und das
Mißtrauen des harten Vaters klug zu bekämpfen. Immer
sträubte sich seine Natur gegen solche Demütigung, durch
bittern Spott suchte er sein geschädigtes Selbstgefühl geltend
15 zu machen; sein Herz, das für alles Edle erglühte, bewahrte
ihn davor, ein harter Egoist zu werden, aber milder, versöhn=
licher wurde er nicht.

Doch er lernte in diesen Jahren auch etwas Nützliches
ehren: die strenge Wirtschaftlichkeit, mit welcher die be=
20 schränkte, aber tüchtige Kraft seines Vaters für das Wohl des
Landes und seines Hauses sorgte. Wenn er, um dem König
zu gefallen, Pachtanschläge machen mußte, wenn er sich
Mühe gab, den Ertrag einer Domäne um einige hundert
Taler zu steigern, wenn er auch auf die Liebhabereien des
25 Königs mehr als billig einging und ihm den Vorschlag machte,
einen langen Schäfer aus Mecklenburg als Rekruten zu
entführen, so war im Anfang allerdings diese Arbeit nur ein
lästiges Mittel den König zu versöhnen; denn Grumbkow
sollte ihm einen Mann schaffen, der die Taxe statt seiner
30 machte, die Amtleute und Kammerbeamten selbst gaben ihm
an die Hand, wie hie und da ein Plus zu gewinnen war,

und über die Riesen spottete er immer noch, wo er das
ungestraft konnte. Aber die neue Welt, in die er versetzt war,
die praktischen Interessen des Volkes und des Staates zogen
ihn doch allmählich an. Es war leicht einzusehen, daß auch die
Wirtschaftlichkeit seines Vaters oft tyrannisch und wunder- 5
lich war. Der König hatte immer die Empfindung, daß er
nichts als das Beste seines Landes wollte, und deshalb nahm
er sich die Freiheit, mit der größten Willkür bis in das
Einzelne in Besitz und Geschäft der Privatpersonen einzu-
greifen. Den klugen Sinn und die wohlwollende Absicht, 10
die hinter solchen Erlassen erkennbar war, lernte der Sohn
doch ehren, und er selbst eignete sich allmählich eine Menge
von Detailkenntnissen an, die sonst einem Fürstensohn nicht
geläufig werden: Werte der Güter, Preise der Lebensmittel,
Bedürfnisse des Volkes, Gewohnheiten, Rechte und Pflichten 15
des kleinen Lebens. Es ging sogar auf ihn viel von dem
Selbstgefühl über, womit der König sich dieser Geschäftskennt-
nisse rühmte. Und als er der allmächtige Hauswirt seines
Staates geworden, da wurde der unermeßliche Segen offenbar, den seine Kenntnis des Volkes und des Verkehrs haben 20
sollte. Nur dadurch wurde die weise Sparsamkeit möglich,
mit welcher er sein eigenes Haus und die Finanzen verwal-
tete, seine unabläßige Sorge für das Detail, wodurch er
Landbau, Handel, Wohlstand, Bildung seines Volkes erhob.
Wie die Tagesrechnungen seiner Köche, so wußte er die 25
Anschläge zu prüfen, in denen die Einkünfte der Domänen,
Forsten, der Akzise berechnet waren. Daß er das Kleinste
wie das Größte mit scharfem Auge übersah, das verdankte sein
Volk zum größten Theil den Jahren, in denen er gezwungen
als Assessor am grünen Tische zu Ruppin saß. Und zuweilen 30
begegnete ihm selbst, was zu seines Vaters Zeit ärgerlich ge-

wesen war, daß seine Kenntnis der geschäftlichen Einzelheiten
doch nicht groß genug war, und daß er hier und da, grade
wie sein Vater, befahl, was gewaltsam in das Leben seiner
Preußen einschnitt und nicht durchgeführt werden konnte.

5 Kaum hatte Friedrich die Schläge der großen Katastrophe
ein wenig verwunden, da traf ihn ein neues Unglück, seinem
Herzen eben so schrecklich wie das erste, in seinen Folgen noch
verhängnisvoller für sein Leben. Der König zwang ihm
eine Gemahlin auf. Herzerschütternd ist das Weh, in dem er
10 ringt, sich von der erwählten Braut loszumachen. „Sie soll
frivol sein, so viel sie will, nur nicht einfältig, das ertrage ich
nicht." Es war alles vergebens. Mit Bitterkeit und Zorn
sah er auf diese Verbindung bis kurz vor der Vermählung.
Nie hat er den Schmerz überwunden, daß der Vater dadurch
15 sein inneres Leben zerstört habe. Seine reizbare Empfindung,
das liebebedürftige Herz, sie waren in rohester Weise verkauft.
Nicht er allein wurde dadurch unglücklich, auch eine gute
Frau, die des besten Schicksals wert gewesen wäre. Die
Prinzessin Elisabeth von Bevern hatte viele edle Eigenschaften
20 des Herzens, sie war nicht einfältig, sie war nicht häßlich und
vermochte selbst vor der herben Kritik der Fürstinnen des
königlichen Hauses erträglich zu bestehen. Aber wir fürchten,
wäre sie ein Engel gewesen, der Stolz des Sohnes, der im
Kern seines Lebens durch die unnötige Barbarei des
25 Zwanges empört war, hätte dennoch gegen sie protestiert. Und
doch war das Verhältnis nicht zu jeder Zeit so kalt, wie man
wohl annimmt. Sechs Jahre gelang es der Herzensgüte und
dem Takt der Prinzessin, den Kronprinzen immer wieder zu
versöhnen. In der Zurückgezogenheit von Rheinsberg war
30 sie in der Tat seine Hausfrau und eine liebenswürdige
Wirtin seiner Gäste, und schon wurde von den österreichischen

Agenten an den Wiener Hof berichtet, daß ihr Einfluß im
Steigen sei. Aber der bescheidenen Anhänglichkeit ihrer
Seele fehlten zu sehr die Eigenschaften, welche einen geistreichen
Mann auf die Dauer zu fesseln vermögen. Die aufgeweckten
Kinder des Hauses Brandenburg hatten das Bedürfnis ihr 5
leichtbewegtes Innere launig, schnell und scharf nach außen
zu kehren. Die Prinzessin wurde, wenn sie erregt war, still,
wie gelähmt, die leichte Grazie der Gesellschaft fehlte ihr.
Das paßte nicht zusammen. Auch die Art, wie sie den
Gemahl liebte, pflichtvoll, sich immer unterordnend, wie ge= 10
bannt und gedrückt von seinem großen Geiste, war dem
Prinzen wenig interessant, der mit der französischen geistrei=
chen Bildung auch nicht wenig von der Frivolität der fran=
zösischen Gesellschaft angenommen hatte.

Als Friedrich König wurde, verlor die Fürstin schnell den 15
geringen Anteil, den sie sich am Herzen ihres Gemahls etwa
erworben hatte. Die lange Abwesenheit im Ersten schlesischen
Kriege tat das Letzte, den König von ihr zu entfernen. Im=
mer sparsamer wurden die Beziehungen der Gatten, es ver=
gingen Jahre, ohne daß sie einander sahen, eine eisige 20
Kürze und Kälte ist in seinen Briefen erkennbar. Daß der
König ihren Charakter so hoch achten mußte, erhielt sie in der
äußeren Stellung. — Seine Verhältnisse mit Frauen waren
seitdem wenig einflußreich auf sein inneres Empfinden: selbst
seine Schwester von Baireuth, kränklich, nervös, verbittert 25
durch Eifersucht auf einen ungetreuen Gemahl, wurde dem
Bruder auf Jahre fremd, und erst, als sie sich für das eigene
Leben resigniert hatte, suchte dies stolze Kind des Hauses
Brandenburg alternd und unglücklich wieder das Herz des
Bruders, dessen kleine Hand sie einst vor den Füßen des 30
strengen Vaters gehalten hatte. Auch die Mutter, der König

Friedrich immer ausgezeichnete kindliche Verehrung bewies,
konnte der Seele des Sohnes wenig sein.   Seine andern
Geschwister waren jünger und nur zu geneigt, im Haus stille
Fronde gegen ihn zu machen.   Wo er freilich Geist, Grazie
5 und weibliche Würde zusammen fand, wie bei Frau von
Camas, der Oberhofmeisterin seiner Gemahlin, da wurde die
Liebenswürdigkeit seiner Natur in vielen herzlichen Aufmerk=
samkeiten laut.   Im Ganzen aber haben die Frauen seinem
Leben wenig Licht und Glanz gegeben, kaum je hat die innige
10 Herzlichkeit des Familienlebens sein Inneres erwärmt, nach
dieser Seite veröbete sein Gemüt.   Vielleicht wurde das ein
Glück für seine Nation, sicher ein Verhängnis für sein Pri=
vatleben.   Die volle Wärme seiner menschlichen Empfindung
blieb fast ausschließlich dem kleinen Kreise der Vertrauten
15 vorbehalten, mit denen er lachte, dichtete, philosophierte, Pläne
für die Zukunft machte, später seine Kriegsoperationen und
Gefahren besprach.

Seit er vermählt in Rheinsberg lebte, beginnt der beste
Teil seiner Jugendzeit.   Dort wußte er eine Anzahl ge=
20 bildeter und heiterer Gesellschafter um sich zu vereinigen, die
kleine Genossenschaft führte ein poetisches Leben, von welchem
Teilnehmer ein anmutiges Bild hinterlassen haben.   Ernst=
haft begann Friedrich an seiner Bildung zu arbeiten.   Leicht
fügte sich ihm der Ausdruck erregter Empfindung in den
25 Zwang französischer Verse, unablässig arbeitete er, sich die
Feinheiten des fremden Stils anzueignen.   Aber auch über
Ernsterem arbeitete sein Geist; für alle höchsten Fragen des
Menschen suchte er sehnsüchtig Antwort bei den Enzyklo=
pädisten, auch bei Christian Wolf; er saß über Karten und
30 Schlachtpläne geneigt, und unter den Rollen des Liebhaber=
theaters und den Baurissen wurden andere Projekte vor=

bereitet, welche nach wenig Jahren die Welt aufregen
sollten.

Da kam der Tag, an welchem sein sterbender Vater der
Regierung entsagte und den Offizier, der die Tagesmeldung
tat, anwies, von dem neuen Kriegsherrn Preußens die 5
Befehle einzuholen. Wie der Prinz von seinen politischen
Zeitgenossen damals beurteilt wurde, sehen wir aus der
Charakteristik, welche kurz vorher ein österreichischer Agent
von ihm gemacht hatte: „Er ist anmutig, trägt eignes Haar,
hat eine schlaffe Haltung, liebt schöne Künste und gute Küche, 10
er möchte seine Regierung gern mit einem Eclat anfangen, ist
ein soliderer Freund des Militärs als sein Vater, hat die
Religion eines honetten Mannes, glaubt an Gott und die
Vergebung der Sünden, liebt Glanz und großartiges Wesen,
er wird alle Hofchargen neu etablieren und vornehme Leute 15
an seinen Hof ziehen." Nicht ganz ist diese Prophezeiung
gerechtfertigt worden. Wir suchen in dieser Zeit andre
Seiten seines Wesens zu verstehen. Der neue König war
von feuriger, enthusiastischer Empfindung, schnell erregt, leicht
kamen die Tränen in seine Augen. Wie seinen Zeitgenossen 20
war ihm leidenschaftliches Bedürfnis das Große zu bewundern, sich weichen Stimmungen elegisch hinzugeben. Zärtlich
blies er sein Adagio auf der Flöte; wie andern ehrlichen Zeitgenossen ward auch ihm in Wort und Vers der volle Ausdruck innigen Gefühls nicht leicht, aber die pathetische Phrase 25
rührte ihm Tränen und Empfindsamkeit auf. Trotz aller
französischen Sentenzen war die Anlage seines Wesens auch
nach dieser Richtung sehr deutsch.

Sehr ungerecht haben ihn die beurteilt, welche ihm ein
kaltes Herz zuschrieben. Nicht die kalten Fürstenherzen sind 30
es, die am meisten durch ihre Härte verletzen. Solchen ist

faſt immer vergönnt, durch gleichmäßige Huld und ſchicklichen
Ausdruck ihre Umgebung zu befriedigen. Die ſtärkſten
Äußerungen der Nichtachtung liegen in der Regel dicht
neben den herzgewinnenden Lauten einer weichen Zärtlichkeit.
5 Aber in Friedrich war, ſo ſcheint uns, eine auffallende und
ſeltſame Verbindung von zwei ganz entgegengeſetzten Rich=
tungen des Gemüts, welche ſonſt auf Erden in ewig unver=
ſöhntem Kampfe liegen. Er hatte ebenſo ſehr das Bedürfnis
ſich das Leben zu idealiſieren, als den Drang, ſich und andern
10 ideale Stimmungen unbarmherzig zu zerſtören. Seine erſte
Eigenſchaft war vielleicht die ſchönſte, vielleicht die leidvollſte,
mit welcher ein Menſch für den Kampf der Erde ausgeſtattet
wird. Er war allerdings eine Dichternatur, er beſaß in
hohem Grade jene eigentümliche Kraft, welche die gemeine
15 Wirklichkeit nach idealen Forderungen des eigenen Weſens
umzubilden ſtrebt und alles Nahe mit dem holden Schein
eines neuen Lebens überzieht. Es war ihm Bedürfnis, mit
dem ganzen Zauber eines beweglichen Gefühls, mit der Grazie
ſeiner Phantaſie das Bild ſeiner Lieben ſich zuzurichten und
20 das Verhältnis, in das er ſich frei zu ihnen geſetzt hatte, aus=
zuſchmücken. Es war immer etwas Spiel dabei; auch wo er
am leidenſchaftlichſten empfand, liebte er mehr ſein ver=
ſchönertes Bild des andern, das er in ſich trug, als dieſen
ſelbſt. In ſolcher Stimmung hat er Voltaires Hand geküßt.
25 Wurde ihm irgend einmal in empfindlicher Weiſe der Unter=
ſchied zwiſchen ſeinem Ideal und dem wirklichen Menſchen
fühlbar, ſo ließ er den Menſchen fallen und hielt ſich an das
Bild. Wem die Natur dieſe Anlage gegeben hat, Liebe und
Freundſchaft vorzugsweiſe durch das bunte Glas poetiſcher
30 Stimmungen zu empfinden, der wird nach dem Urteil an=
derer in der Wahl ſeiner Lieben immer Willkür zeigen; eine

gewisse gleichmäßige Wärme, welche rücksichtsvoll alle bedenkt,
scheint solchen Naturen versagt zu sein. Wem der König in
seiner Weise Freund geworden war, gegen den war er von
der größten Aufmerksamkeit und Ausdauer, wie sehr auch
seine Stimmung in einzelnen Momenten wechselte. Er 5
konnte dann in seiner Trauer über den Verlust einer solchen
Gestalt sentimental werden, wie nur irgend ein Deutscher aus
der Wertherperiode. Er hatte mit seiner Schwester von
Baireuth viele Jahre in einiger Entfremdung gelebt, erst in
den letzten Jahren vor ihrem Tode, unter den Schrecken des 10
schweren Krieges, war ihm ihr Bild als das einer zärtlichen
Schwester wieder lebendig aufgegangen. Nach ihrem Tode
fand er einen düstern Genuß darin, das Herzliche dieses
Verhältnisses sich und andern vorzustellen; er baute ihr einen
kleinen Tempel und wallfahrtete oft dahin. Wer seinem 15
Herzen nicht durch Vermittlung poetischer Empfindungen nahe
trat, nicht die liebespinnende Poesie ihm anregte, ja wer gar
etwas in seinem reizbaren Wesen störte, gegen den war er kalt,
nichtachtend, gleichgültig, ein König, der nur frug, wie weit
der andere ihm nütze; er warf ihn vielleicht weg, wenn er ihn 20
nicht mehr brauchte. Solche Begabung vermag allerdings
das Leben des jungen Mannes mit einem verklärenden Schim‐
mer zu umgeben, sie verleiht bunten Schein und holde Farbe
auch Gewöhnlichem, aber sie wird mit viel guter Sitte, Pflicht‐
gefühl und einem Sinn, der Höheres will als sich selbst, 25
verbunden sein müssen, wenn sie denselben Mann in höherem
Alter nicht isolieren und verdüstern soll. Sie wird auch im
günstigsten Falle neben den wärmsten Verehrern bittere
Feinde aufregen. Sie wird doppelt verhängnisvoll für einen
König, dem andere so selten sicher und gleichberechtigt ge‐ 30
genüber treten, dem die offenherzigsten Freunde immer noch

bewundernde Schmeichler werden, ungleich in ihrem Ver-
halten, bald unfrei im höfischen Banne seiner Majestät, bald
im Gefühl ihrer Rechte unzufriedene Tadler.

Dem König Friedrich aber wurde dieses Bedürfnis nach
5 idealen Verhältnissen und die Sehnsucht nach Menschen, die
seinem Herzen Gelegenheit gaben, sich rückhaltslos aufzu-
schließen, zunächst durch seinen durchbringenden Scharfblick
gekreuzt, und durch eine unbestechliche Wahrheitsliebe, welche
allen Täuschungen feind war, sich gegen jede Illusion un-
10 willig sträubte, den Schein überall verachtete, immer dem
Kern der Dinge nachspürte. Diese prüfende Auffassung des
Lebens und seiner Pflichten allein mochte ihm ein guter
Schutz gegen die Täuschungen werden, welche den phantasie-
vollen Fürsten, wo er Vertrauen schenkt, häufiger kränken als
15 den Privatmann. Aber sein Scharfsinn zeigte sich auch als
wilde Laune, welche schonungslos, sarkastisch und spottlustig
verwüstete. Scharf ist sein Blick für die Schwächen anderer; wo er eine Blöße erspäht, wo ihn fremde Art ärgert
oder reizt, da rührt sich ihm die bewegliche Zunge. Freunde
20 und Feinde trifft schonungslos sein Wort; auch wo Schwei-
gen und Ertragen von jeder Vorsicht geboten ist, vermag er
nicht sich zu beherrschen; dann ist seine Seele wie verwandelt;
erbarmungslos, unendlich, übertreibend verzieht er sich das
Bild des andern zur Karikatur. Sieht man näher zu, so ist
25 freilich auch hierbei die Freude an der geistigen Produktion
die Hauptsache; er befreit sich selbst von einem unholden
Eindruck, indem er gegen sein Opfer improvisiert, er malt ins
Groteske mit innerem Behagen, und er wundert sich wohl,
wenn der Betroffene tief verletzt auch wieder gegen ihn in
30 Waffen tritt. Sehr auffallend ist darin seine Ähnlichkeit
mit Luther. Daß es nicht würdig ist und vielleicht nicht

geziemend, kümmert den König so wenig als den Reformator, beide sind in einer Aufregung, wie auf der Jagd, beide vergessen über die Freude des Kampfes gänzlich die Folgen. Beide haben sich selbst und ihrer großen Sache dadurch ernsthaft geschadet und sich aufrichtig gewundert, wenn sie das 5 einmal erkannten. Freilich sind die Keulenschläge, welche der große Mönch des sechzehnten Jahrhunderts führt, bei weitem furchtbarer als die Stiche, welche der große Fürst im Zeitalter der Aufklärung austeilt. Aber wenn der König neckt und höhnt und vielleicht einmal boshaft zwickt, so wird ihm das 10 unartige Wesen schwerer verziehen; denn es ist häufig kein gleicher Kampf, den er mit seinen Opfern führt. So hat der große Fürst alle seine politischen Gegner behandelt und tödliche Feindschaft gegen sich aufgeregt; über die Pompadour in Frankreich, über Kaiserin Elisabeth und Kaiserin Maria 15 Theresia hat er an der Tafel gescherzt, beißende Verse und Pamphlete in Umlauf gesetzt. So hat er sein Dichterideal Voltaire bald gestreichelt, bald gescholten und gekratzt. So verfuhr er aber auch mit Menschen, welche er wirklich hoch schätzte, denen er das größte Vertrauen schenkte, die er in den 20 Kreis seiner Freunde aufgenommen. Er hatte den Marquis d'Argens an seinen Hof gezogen, zum Kammerherrn gemacht, zum Mitglied der Akademie, zu einem seiner nächsten und liebsten Genossen. Die Briefe, welche er ihm aus den Feldlagern des Siebenjährigen Krieges schrieb, gehören zu den 25 schönsten und rührendsten Erinnerungen, die uns von dem Könige geblieben sind. Als Friedrich aus dem Kriege heimkehrt, ist ihm eine liebe Hoffnung, daß der Marquis bei ihm in Sanssouci wohnen soll. Und wenige Jahre darauf ist dieses schöne Verhältnis in der peinlichsten Weise gelöst. Wie 30 war das doch möglich? Der Marquis war vielleicht der beste

Franzose, den der König an sich gefesselt, ein Mann von Ehre,
feinfühlend, gebildet, dem König in Wahrheit ergeben. Aber
er war weder ein bedeutender, noch ein besonders kräftiger
Mann. Lange Jahre hatte der König in ihm einen Gelehr=
5 ten bewundert, was er nicht war, einen weisen, klaren, sichern
Philosophen mit gefälligem Witz und frischer Laune, er hatte
sich sein Bild ganz gemütlich und poetisch zugerichtet. Jetzt,
bei dem täglichen Zusammensein, fand der König sich ge=
täuscht, ein weichliches Wesen des Franzosen, das mit der
10 eigenen Kränklichkeit hypochondrisch spielte, ärgerte ihn; er
begann zu erkennen, daß der gealterte Marquis weder ein
großes Talent, noch von besonders starkem Geist war; das
Ideal, das er sich von ihm gemacht, war gestört. Da be=
ginnt der König ihn wegen seiner Weichlichkeit zu verspotten;
15 der empfindliche Franzose erbittet Urlaub, zur Herstellung
seiner Gesundheit auf einige Monate nach Frankreich zu
reisen. Der König ist durch dies übellaunische Wesen verletzt,
und fährt fort, in den Freundesbriefen, welche er ihm nach=
sendet, dies Kranktun zu höhnen. In Frankreich solle sich
20 jetzt ein Werwolf zeigen, kein Zweifel, daß der Marquis
dies sei, als Preuße, und in seiner kläglichen Krankenhülle.
Ob er jetzt kleine Kinder esse? Die Unart habe er doch
sonst nicht gehabt, aber auf Reisen ändere sich vieles am
Menschen. Der Marquis bleibt statt weniger Monate zwei
25 Winter; als er zurückkehren will, sendet er Zeugnisse seiner
Ärzte; wahrscheinlich war der wackre Mann in der Tat
krank gewesen, aber den König verletzt diese unbehilfliche
Legitimation eines alten Freundes im Innersten. Und wie
dieser zurückkehrt, ist das alte Verhältnis verdorben. Noch
30 will ihn der König nicht loslassen, aber er gefällt sich darin,
durch Stachelreden und starke Scherze den Treulosen zu

strafen. Da fordert der Franzose, in tiefster Seele gekränkt,
seine Entlassung. Er erhält sie, und man erkennt den
Schmerz und Zorn des Königs aus dem Bescheide. Als
der Marquis in dem letzten Brief, den er vor seinem Tode
dem König schrieb, noch einmal nicht ohne Bitterkeit vorhielt, 5
wie höhnend und schlecht er einen uneigennützigen Verehrer
behandelt, da las der König schweigend den Brief. Aber an
die Wittwe des Toten schrieb er betrübt von seiner Freund=
schaft für ihren Gatten und ließ ihm in fremdem Land ein
kostbares Denkmal errichten. — Mit den meisten seiner Lieben 10
ging es dem großen Fürsten so; magisch wie seine Kraft, anzu=
ziehen, ebenso dämonisch war seine Fähigkeit, abzustoßen. Wer
aber darin einen Fehler des Mannes schelten will, dem sei die
Antwort, daß es in der Geschichte kaum einen andern König
gegeben hat, der in so großartiger Weise sein geheimstes See= 15
lenleben seinen Freunden aufgeschlossen hat, als Friedrich.

Wenige Monde trug Friedrich II. die Krone, da starb
Kaiser Karl VI. Jetzt trieb den jungen König alles, ein
großes Spiel zu wagen. Daß er solchen Entschluß faßte,
war trotz der augenblicklichen Schwäche Österreichs doch an 20
sich Zeichen eines kecken Muts. Die Länder, welche er
regierte, zählten etwa ein Siebenteil der Menschenmasse,
welche in dem weiten Gebiet der Maria Theresia lebte. Es
ist wahr, sein Heer war vorläufig dem österreichischen an Zahl
und Kriegstüchtigkeit weit überlegen, und nach der Vorstellung 25
der Zeit war die Masse des Volkes nicht in der Weise zur
Ergänzung des Heeres geeignet, wie jetzt. Und wenig ahnte
er die Größe Maria Theresias. Aber schon in den Vor=
bereitungen zum Einmarsch bewies der König, daß er lange
darauf gehofft, sich mit Österreich zu messen; in gehobener 30
Stimmung begann er einen Kampf, der für sein Leben und

das seines Staates entscheidend werden sollte. Wenig küm=
merte ihn im Grunde das Recht, welches er auf schlesische
Herzogtümer etwa noch hatte und durch seine Federn vor
Europa zu erweisen suchte. Die Politik der despotischen
5 Staaten des siebenzehnten und achtzehnten Jahrhunderts
sorgte darum überhaupt nicht. Wer seiner Sache einen guten
Schein geben konnte, benützte auch dieses Mittel; im Notfall
war auch der unwahrscheinlichste Beweis, der schalste Vor=
wand genug. So hatte Ludwig XIV. gekriegt, so hatte der
10 Kaiser gegen die Türken, Italiener, Deutschen, Franzosen und
Spanier sein Interesse verfolgt, so war dem Großen Kurfürsten
ein Teil seiner Erfolge durch andere verdorben worden.
Grade da, wo das Recht der Hohenzollern am deutlichsten
gesprochen hatte, — wie in Pommern,—waren sie am meisten
15 verkürzt worden, und durch niemand mehr als durch den
Kaiser und das Haus Habsburg. Jetzt suchte ein Hohen=
zollern die Rache. „Sei mein Cicero und beweise das
Recht meiner Sache, ich werde dein Cäsar sein und sie durch=
führen," schrieb Friedrich seinem Jordan nach dem Einmarsch
20 in Schlesien. Leicht mit beflügeltem Schritt wie zum Tanze
betrat der König die Felder seiner Siege. Immer noch war
heiterer Lebensgenuß, das süße Tändeln mit Versen, geistvolles
Geplauder mit seinen Vertrauten über die Freuden des
Tages, über Gott, Natur und Unsterblichkeit, was er für das
25 Salz seines Lebens hielt. Aber die große Arbeit, in die er
getreten war, begann ihre Wirkungen auf seine Seele schon
nach den ersten Wochen, bevor er noch die Feuerprobe der
ersten großen Schlacht durchgemacht hatte. Und sie hat
seitdem an seiner Seele gehämmert und geschmiedet, bis sie
30 sein Haar grau färbte und das feurige Herz zu klingendem
Metall verhärtete. Mit der wundervollen Klarheit, die ihm

eigen war, beobachtete er den Beginn dieser Änderungen.
Wie ein Fremder sah er schon damals auf sein eigenes Leben.
„Du wirst mich philosophischer finden, als du denkst," schreibt
er dem Freunde, „ich bin es immer gewesen, bald mehr bald
weniger. Meine Jugend, das Feuer der Leidenschaft, das 5
Verlangen nach Ruhm, ja, um dir nichts zu verbergen, auch
die Neugierde, endlich ein geheimer Instinkt haben mich aus
der süßen Ruhe getrieben, die ich genoß, und der Wunsch,
meinen Namen in der Geschichte zu sehen, hat mich seitab
geführt. Komm her zu mir, die Philosophie behält ihre Rechte, 10
und ich versichere dich, wenn ich nicht diese verdammte Vor-
liebe für den Ruhm hätte, ich würde nur an ruhiges Behagen
denken."

Und als der treue Jordan in seine Nähe kommt und er
den Mann des friedlichen Genusses furchtsam und unbehag- 15
lich im Felde sieht, da empfindet der König plötzlich, daß er ein
anderer und Stärkerer geworden ist. Der Ankommende
war von ihm so lange als der Gelehrtere geehrt worden, er
hatte ihm Verse gebessert, Briefe stilisiert, in Kenntnis der
griechischen Gelehrtenschulen war er ihm weit überlegen 20
gewesen. Und trotz aller philosophischen Bildung machte er
dem König jetzt den Eindruck eines Mannes ohne Mut;
mit herbem Spotte fuhr der König gegen ihn los. Und in
einer seiner besten Improvisationen stellt er sich selbst als
Krieger dem weichlichen Philosophen gegenüber. So unbillig 25
die Spottverse waren, mit denen er ihn immer wieder über-
schüttete, so schnell war doch auch die Rückkehr der alten
herzlichen Empfindung. Aber es war auch der erste leise
Fingerzeig des Schicksals für den König selbst; noch oft sollte
ihm das Gleiche begegnen, er sollte werte Männer, treue 30
Freunde einen nach dem andern verlieren, nicht nur durch

den Tod, noch mehr durch die Kälte und Entfremdung, welche
zwischen seinem und ihrem Wesen sich auftat. Denn der
Weg, den er jetzt betreten hatte, sollte alle Größe, aber auch
alle Einseitigkeiten seiner Natur immer stärker ausbilden, bis
5 an die Grenze des Menschlichen; je höher er sich selbst über
die andern erhob, desto kleiner mußte ihm ihr Wesen erschei=
nen; fast alle, die er in späteren Jahren mit dem eigenen
Maße maß, waren wenig imstande, dabei zu bestehen. Und
das Mißbehagen und die Enttäuschung, die er dann empfinden
10 sollte, wurden wieder schärfer und rücksichtsloser, bis er selbst
auf einsamer Höhe aus Augen, die wie Horn in dem ver=
steinerten Antlitz standen, auf das Treiben der Menschen zu
seinen Füßen heruntersah. Immer aber bis zu seinen letzten
Stunden wurde der kalte Strahl seines prüfenden Blickes
15 unterbrochen durch den hellen Glanz einer warmen menschlichen
Empfindung. Und daß diese ihm blieb, macht die große tragische
Gestalt für uns so rührend.

Jetzt freilich im ersten Kriege sieht er auf die stille Ruhe
seines „Remusberg" noch mit Sehnsucht zurück und tief fühlt
20 er den Zwang eines ungeheuren Geschicks, der ihn bereits
umgibt. „Es ist schwer, mit Gleichmut dies Glück und
Unglück zu ertragen," schreibt er; „wohl kann man kalt scheinen
im Glück und unberührt bei Verlusten, die Züge des Gesichts
können sich verstellen, aber der Mann, das Innere, die Falten
25 des Herzens werden deshalb nicht weniger angegriffen." Und
hoffnungsvoll schließt er: „Alles, was ich von mir wünsche,
ist doch nur, daß die Erfolge nicht meine menschlichen Empfin=
dungen und Tugenden verderben, zu denen ich mich immer
bekannt habe. Möchten meine Freunde mich so finden, wie
30 ich immer gewesen bin." Und am Ende des Krieges schreibt
er: „Sieh, dein Freund ist zum zweitenmal Sieger. Wer

hätte vor einigen Jahren gesagt, daß dein Schüler in der
Philosophie eine militärische Rolle in der Welt spielen werde?
daß die Vorsehung einen Dichter ausersehen würde, das
politische System Europas umzustürzen?" — So frisch und
jung empfand Friedrich, als er aus dem ersten Kriege im 5
Triumphzuge nach Berlin zurückkehrte.

Zum zweitenmal zieht er aus, Schlesien zu behaupten.
Wieder ist er Sieger, schon hat er das ruhige Selbstgefühl
eines erprobten Feldherrn, lebhaft ist seine Freude über die
Güte seiner Truppen. „Alles, was mir bei diesem Siege 10
schmeichelt," schreibt er an Frau von Camas, „ist, daß ich
durch den schnellen Entschluß und ein kühnes Manöver zur
Erhaltung so vieler braven Leute beitragen konnte. Ich
wollte nicht den geringsten meiner Soldaten um eitlen Ruhm,
der mich nicht mehr täuscht, verwunden lassen." Aber mitten 15
in den Kampf fiel der Tod von zwei seiner liebsten Freunde,
Jordan und Kayserlingk. Rührend ist seine Klage. „In
weniger als drei Monaten habe ich meine beiden treuesten
Freunde verloren, Leute, mit denen ich täglich gelebt habe,
anmutige Gesellschafter, ehrenwerte Männer und wahre 20
Freunde. Es ist schwer für ein Herz, das so empfindsam
geschaffen wurde wie das meine, den tiefen Schmerz zurückzu-
drängen. Kehre ich nach Berlin zurück, ich werde fast fremd
in meinem eigenen Vaterlande, isoliert in meinem Hause sein.
Auch Sie haben das Schicksal gehabt, auf einmal viele Per- 25
sonen zu verlieren, die Ihnen lieb waren; ich bewundere
Ihren Mut, aber nachahmen kann ich ihn nicht. Meine
einzige Hoffnung ist die Zeit, die mit allem zu Ende kommt,
was es in der Natur gibt. Sie fängt an die Eindrücke in
unserm Gehirn zu schwächen und hört damit auf uns selbst 30
zu vernichten. Ich fürchte mich jetzt vor allen den Orten,

welche mir die traurige Erinnerung an Freunde, die ich für
immer verloren habe, zurückrufen." — Und noch vier Wochen
nach dem Tode schreibt er derselben Freundin, die ihn zu
trösten versuchte: „Glauben Sie nicht, daß der Drang der
5 Geschäfte und Gefahren in der Traurigkeit zerstreut, ich weiß
aus Erfahrung, das ist ein schlechtes Mittel. Leider sind
erst vier Wochen vergangen, seit meine Tränen und mein
Schmerz begann, aber nach den heftigen Anfällen der ersten
Tage fühle ich mich jetzt ebenso traurig, ebenso wenig ge-
10 tröstet, als im Anfang." Und als ihm sein würdiger Erzieher
Duhan aus der Hinterlassenschaft Jordans einige französische
Bücher schickt, die der König begehrt hatte, schrieb der Fürst
noch im Spätherbst desselben Jahres: „Mir kamen die
Tränen in die Augen, als ich die Bücher meines armen
15 geschiedenen Jordan öffnete; ich habe ihn so sehr geliebt und
es wird mir sehr schwer zu denken, daß er nicht mehr ist." —
Nicht lange und der König verlor auch den Vertrauten, an
den dieser Brief gerichtet ist.

Der Verlust der Jugendfreunde im Jahre 1745 bildet
20 einen wichtigen Abschnitt im innern Leben des Königs. Mit
den uneigennützigen, ehrlichen Männern starb ihm fast alles,
was ihn im Verkehr mit andern glücklich gemacht hatte. Die
Verbindungen, in welche er jetzt als Mann trat, waren
sämmtlich von anderer Art. Auch die besten der neuen
25 Bekannten wurden vielleicht Vertraute einzelner Stunden,
nicht die Freunde seines Herzens. Das Bedürfnis nach
anregendem geistigen Verkehr blieb, ja es wurde stärker und
anspruchsvoller. Denn er ist auch darin eine einzige Erscheinung, er konnte heitere und vertrauensvolle Verhältnisse
30 niemals entbehren, nicht das leichte, fast rückhaltlose Geplauder, welches durch alle Schattierungen menschlicher Stim-

mung, tiefsinnig oder frivol, von den größten Fragen des
Menschengeschlechts bis zu den kleinsten Tagesereignissen
herabflatterte. Gleich nach seiner Thronbesteigung hatte er an
Voltaire geschrieben und ihn zu sich eingeladen; er war mit
dem Franzosen zuerst 1740 auf einer Reise bei Wesel zusam= 5
mengetroffen, kurz darauf war Voltaire auf wenige Tage für
schweres Geld nach Berlin gekommen, er hatte schon damals
dem König den Eindruck eines Narren gemacht, aber Friedrich
fühlte doch eine unendliche Verehrung vor dem Talent des
Mannes; Voltaire war ihm der größte Dichter aller Zeiten, 10
Hofmarschall des Parnasses, auf dem der König selbst so
gern eine Rolle spielen wollte. Immer stärker wurde Fried=
richs Wunsch, den Mann zu besitzen. Er betrachtete sich
als seinen Schüler, er wünschte jeden seiner Verse durch den
Meister gebilligt, er lechzte unter seinen märkischen Offizieren 15
nach dem Witz und Geist der eleganten Franzosen; endlich
war auch die Eitelkeit eines Souveräns dabei, er wollte ein
Fürst der schönen Geister und Philosophen werden, wie er
ein ruhmgekrönter Heerführer geworden war. Seit dem
Zweiten schlesischen Kriege wurden zumeist die Fremden seine 20
Vertrauten; seit 1750 ward ihm die Freude, auch den großen
Voltaire als Mitglied seines Hofhaltes bei sich zu sehen. Es
war kein Unglück, daß der schlechte Mann nur wenige Jahre
unter den Barbaren aushielt.

Diese zehn Jahre von 1746 bis 1756 sind es, in denen 25
Friedrich als Schriftsteller Selbstgefühl und eine Bedeutung
gewann, welche noch heut in Deutschland nicht nach Gebühr
gewürdigt wird. Über seine französischen Verse vermag der
Deutsche nur unvollständig zu urteilen. Er war ein behen=
der Dichter, dem sich mühelos jede Stimmung in Reim und 30
Vers fügte. Er hat aber in seiner Lyrik die Schwierigkeiten

der fremden Sprache vor den Augen eines Franzosen niemals
vollständig überwunden, wie fleißig auch seine Vertrauten
durchsahen; ja es fehlte ihm, wie uns scheint, immer an der
gleichmäßigen rhetorischen Stimmung, jenem Stil, der in der
5 Zeit Voltaires das erste Kennzeichen eines berufenen Dichters
war; denn neben schönen und erhabenen Sätzen in prächti=
ger Phrase störten triviale Gedanken und banaler Ausdruck.
Auch seine Geschmacksbildung war nicht sicher und selbständig
genug; er war in seinem ästhetischen Urteil schnell bewun=
10 dernd, kurz absprechend, aber in der Stille weit abhängiger von
der Meinung seiner französischen Bekannten, als sein Stolz
eingeräumt hätte. Das Beste, was in der französischen Poesie
damals erblühte, die Rückkehr zur Natur und der Kampf
schöner Wahrheit gegen die Fesseln der alten Konvenienz, blieb
15 dem König unverständlich; Rousseau war ihm lange Zeit ein
exzentrischer armer Teufel, und der gewissenhafte und lautere
Geist Diderots galt ihm gar für seicht. Und dennoch scheint
uns, daß in seinen Gedichten und grade in den leichten Im=
provisationen, die er seinen Freunden gönnt, nicht selten ein
20 Reichtum an poetischem Detail und ein herzgewinnender
Ton wahren Gefühls durchbricht, um den ihn wenigstens
sein Vorbild Voltaire beneiden könnte.

Wie die Kommentare Cäsars ist Friedrichs Geschichte
seiner Zeit eines der bedeutendsten Denkmale der historischen
25 Literatur. Es ist wahr, er schrieb gleich dem römischen Feld=
herrn, gleich jedem handelnden Staatsmann die Tatsachen so,
wie sie in der Seele eines Beteiligten reflektieren; nicht alles
ist von ihm gleichmäßig gewürdigt, und nicht jeder Partei
gönnt er ihr bestes Recht; aber er weiß unendlich vieles, was
30 jedem Fernstehenden verborgen bleibt, und führt nicht un=
parteiisch, aber auch gegen seine Gegner hochgesinnt in einige

innerste Motive der großen Ereignisse ein. Er schrieb zuweilen
ohne den großen Apparat, den ein Historiker von Fach um
sich sammeln muß, es begegnete ihm daher, daß Erinnerung
und Urteil, so zuverlässig beide sind, ihn an einzelnen Stellen
im Stich ließen; endlich schrieb er eine Apologie seines Hauses, 5
seiner Politik, seiner Feldzüge, und wie Cäsar verschweigt er
einigemal und legt die Tatsachen so zurecht, wie er sie auf
die Folgezeit gebracht wünscht. Aber die Wahrheitsliebe und
Offenherzigkeit, mit der er sein Haus und sein eignes Tun
behandelt, ist dennoch nicht weniger bewundernswert, als die 10
souveräne Ruhe und Freiheit, in der er über den Begebenheiten
schwebt, trotz der kleinen rhetorischen Schnörkel, welche im
Geschmack der Zeit lagen.

Erstaunlich wie seine Fruchtbarkeit ist seine Vielseitigkeit.
Einer der größten Militärschriftsteller, ein bedeutender Ge- 15
schichtschreiber, behender Dichter, und daneben populärer Phi-
losoph, praktischer Staatsmann, ja sogar anonymer, sehr
ausgelassener Pamphletschreiber und einigemal Journalist, ist
er stets bereit, für alles, was ihn erfüllt, erwärmt, begeistert,
mit der Feder ins Feld zu ziehen, und jeden anzugreifen in 20
Versen und Prosa, der ihn reizt oder ärgert, nicht nur Papst
und Kaiserin, Jesuiten und holländische Zeitungsschreiber,
auch alte Freunde, wenn sie ihm lau erscheinen, was er nicht
leiden kann, oder wenn sie gar von ihm abzufallen drohen.
Alles was ihm lieb ist, feiert er durch Gedichte oder Lobreden: 25
die erhabenen Lehren seiner Philosophie, seine Freunde, sein
Heer, Freiheit des Glaubens, selbständige Forschung, Toleranz
und Bildung des Volkes.

Erobernd hatte der Geist Friedrichs sich nach allen Rich-
tungen ausgebreitet. Es gab, so schien es, kein Hindernis, 30
das ihn aufhielt, wo der Ehrgeiz antrieb, zu siegen. Da kamen

die Jahre der Prüfung, sieben Jahre furchtbarer, herzquälender
Sorgen. Die große Periode, wo dem reichen, hochfliegenden
Geiste die schwersten Aufgaben, die je ein Mensch bestanden,
auferlegt wurden, wo ihm fast alles unterging, was er für sich
5 selbst an Freude und Glück, an Hoffnungen und egoistischem
Behagen besaß, wo auch Holdes und Anmutiges in dem
Menschen sterben sollte, damit er der entsagende Fürst seines
Volkes, der große Beamte des Staates, der Held einer Nation
wurde. Nicht eroberungslustig zog er diesmal in den Kampf;
10 daß er um sein und seines Staates Leben zu kämpfen hatte,
war ihm lange vorher deutlich geworden. Aber um so höher
wuchs ihm der Entschluß. Wie der Sturmwind wollte er in
die Wolken brechen, die sich von allen Seiten um sein Haupt
zusammenzogen. Durch die Energie eines unwiderstehlichen
15 Angriffs gedachte er die Wetter zu zerteilen, bevor sie sich
entluden. Er war bis dahin nie besiegt worden, seine Feinde
waren geschlagen, so oft er, sein furchtbares Werkzeug, das
Heer, in der Hand, auf sie gestoßen war. Das war eine
Hoffnung, die einzige. Wenn ihm auch diesmal erprobte
20 Gewalt nicht versagte, so mochte er seinen Staat retten.

Aber gleich bei dem ersten Zusammentreffen mit den
Österreichern, den alten Feinden, sah er, daß auch sie von ihm
gelernt hatten und andere geworden waren. Bis zum
Äußersten spannte·er seine Kraft, und bei Collin versagte sie
25 ihm. Der 18. Juni 1757 ist der verhängnisvollste Tag in
Friedrichs Leben. Dort begegnete, was ihm noch zweimal in
diesem Kriege den Sieg entriß: der Feldherr hatte seine
Feinde zu gering geachtet, er hatte seinem eigenen tapfern
Heere das Übermenschliche zugemutet. Nach einer kurzen
30 Betäubung hob sich Friedrich in neuer Kraft. Aus dem
Angriffskriege war er auf eine verzweifelte Defensive ange=

wiesen, von allen Seiten brachen die Gegner gegen sein
kleines Land, mit jeder großen Macht des Festlandes trat er
in töblichen Kampf, er, der Herr über nur vier Millionen
Menschen und über ein geschlagenes Heer. Jetzt bewährte
er sein Feldherrntalent, wie er sich nach Verlusten den Fein= 5
den entzog und sie wieder packte und schlug, wo man ihn am
wenigsten erwartete, wie er sich bald dem einen, bald dem
andern Heere entgegenwarf, unübertroffen in seinen Dispo=
sitionen, unerschöpflich in seinen Hilfsmitteln, unerreicht als
Führer und Schlachtenherr seiner Truppen. So stand er, 10
einer gegen fünf, gegen Österreicher, Russen, Franzosen, von
denen jeder einzelne der Stärkere war, zu gleicher Zeit noch
gegen Schweden und die Reichstruppen. Fünf Jahre lang
kämpfte er so gegen eine ungeheure Übermacht, jedes Frühjahr
in Gefahr, allein durch die Massen erdrückt zu werden, jeden 15
Herbst wieder befreit. Ein lauter Ruf der Bewunderung
und des Mitgefühls ging durch Europa. Und unter den
ersten widerwilligen Lobrednern waren seine heftigsten Feinde.
Grade jetzt, in diesen Jahren des wechselnden Geschickes, wo
der König selbst so bittre Zufälle des Schlachtenglücks erlebte, 20
wurde seine Kriegführung das Staunen aller Heere Europas.
Wie er seine Linien gegen den Feind zu stellen wußte, immer
als der Schnellere und Gewandtere, wie er so oft in schräger
Stellung den schwächsten Flügel des Feindes überflügelte,
zurückdrängte und zusammenwarf, wie seine Reiterei, die neu 25
geschaffen zu der ersten der Welt geworden war, in Furie über
den Feind stürzte, seine Reihen zerriß, seine Haufen zer=
sprengte, das wurde überall als neuer Fortschritt der Kriegs=
kunst, als die Erfindung des größten Genies gepriesen.
Taktik und Strategie des preußischen Heeres wurde für alle 30
Armeen Europas fast ein halbes Jahrhundert Vorbild und

Muster. Einstimmig wurde das Urteil, daß Friedrich der
größte Feldherr seiner Zeit sei, daß es vor ihm, so lange es
eine Geschichte gibt, wenig Heerführer gegeben, die mit ihm
zu vergleichen wären. Daß die kleinere Zahl so häufig gegen
5 die Mehrzahl siegte, daß sie auch geschlagen nicht zerschmolz,
sondern, wenn kaum der Feind seine Wunden geheilt, so dro-
hend und gerüstet wie früher ihm gegenübertrat, das schien
unglaublich. Wir aber rühmen nicht die Kriegführung des
Königs allein, auch die kluge Bescheidenheit, mit welcher er
10 seine Lineartaktik handhabte. Er wußte sehr gut, wie sehr
ihn die Rücksicht auf Magazine und Verpflegung beengte und
die Tausende von Karren, auf denen er Proviant und die
Tagesbedürfnisse des Soldaten mit sich führen mußte. Aber
er wußte auch, daß diese Methode für ihn die einzige Rettung
15 war. Einmal, als er nach der Schlacht bei Roßbach den
bewundernswerten Marsch nach Schlesien machte, 41 Meilen
in fünfzehn Tagen, da, in der höchsten Gefahr, verließ er seine
alte Methode, er zog durch die Länder, wie jetzt andere Armeen, er ließ die Leute von den Wirten verpflegen. Aber
20 sogleich kehrte er wieder weise zu dem alten Brauch zurück.
Denn sobald seine Feinde ihm diese freie Bewegung nach-
machen lernten, war er sicher verloren. Wenn die alte
Landesmiliz in seinen alten Provinzen wieder aufstand, die
Schweden verjagen half und Kolberg und Berlin tapfer
25 verteidigte, so ließ er sich das zwar gerne gefallen, aber er
hütete sich sehr, den Volkskrieg zu ermuntern, und als sein
ostfriesisches Landvolk sich selbstkräftig gegen die Franzosen
erhob und von diesen dafür hart heimgesucht wurde, ließ er
ihm rauh sagen, es sei selbst Schuld daran; denn der Krieg
30 sollte für die Soldaten sein, für den Bauer und Bürger die
ungestörte Arbeit, die Steuern, die Aushebung. Er wußte

wohl, daß er verloren war, wenn ein Volkskrieg in Sachsen
und Böhmen gegen ihn aufgeregt wurde. Grade diese Be-
schränkung des umsichtigen Feldherrn auf die militärischen
Formen, welche ihm allein den Kampf möglich machten, mag
zu seinen größten Eigenschaften gerechnet werden.   5

Immer lauter wurde der Schrei der Trauer und Bewunderung, mit welcher Deutsche und Fremde diesem Todeskampfe
des umstellten Löwen zusahen. Schon im Jahre 1740 war
der junge König von den Protestanten als Parteigänger für
Gewissensfreiheit und Aufklärung gegen Intoleranz und   10
Jesuiten gefeiert worden. Seit er wenige Monate nach der
Schlacht bei Collin die Franzosen bei Roßbach so gründlich
geschlagen hatte, wurde er der Held Deutschlands, ein Ju-
belruf der Freude brach überall aus. Durch zweihundert
Jahre hatten die Franzosen dem vielgeteilten Land große   15
Unbill zugefügt, grade jetzt begann das deutsche Wesen sich
gegen den Einfluß französischer Bildung zu setzen, und jetzt
hatte der König, der selbst die Pariser Verse so sehr bewun-
derte, die Pariser Generäle so unübertrefflich mit deutschen
Kugeln weggescheucht. Es war ein so glänzender Sieg, eine   20
so schmachvolle Niederlage der alten Feinde, es war eine
Herzensfreude überall im Reich; auch wo die Soldaten der
Landesherren gegen König Friedrich im Felde lagen, jubelten
daheim Bürger und Bauern über seine deutschen Hiebe. Und
je länger der Krieg dauerte, je lebhafter der Glaube an die   25
Unüberwindlichkeit des Königs wurde, desto mehr erhob sich
das Selbstgefühl der Deutschen. Seit langen, langen Jahren
fanden sie jetzt einen Held, auf dessen Kriegsruhm sie stolz
sein durften, einen Mann, der mehr als Menschliches leistete.
Unzählige Anekdoten liefen von ihm durch das Land, jeder   30
kleine Zug von seiner Ruhe, guten Laune, Freundlichkeit ·

gegen einzelne Soldaten, von der Treue seines Heeres flog
Hunderte von Meilen; wie er in Todesnot die Flöte im
Zelte blies, wie seine wunden Soldaten nach der Schlacht
Choral sangen, wie er den Hut vor einem Regiment ab-
5 nahm — es ist ihm seitdem öfter nachgemacht worden — das
wurde am Neckar und Rhein herumgetragen, gedruckt, mit
frohem Lachen und mit Tränen der Rührung gehört. Es
war natürlich, daß die Dichter sein Lob sangen, waren doch
drei von ihnen im preußischen Heere gewesen, Gleim und
10 Lessing als Sekretäre kommandirender Generäle, und Ewald
von Kleist, ein Liebling der jungen literarischen Kreise, als
Offizier, bis ihn die Kugel bei Kunnersdorf traf. Aber noch
rührender für uns ist die treue Hingebung des preußischen
Volkes. Die alten Provinzen, Preußen, Pommern, die
15 Marken, Westfalen litten unsäglich durch den Krieg, aber
die stolze Freude, Anteil an dem Helden Europas zu haben,
hob auch den kleinen Mann oft über das eigene Leiden heraus.
Der bewaffnete Bürger und Bauer zog jahrelang immer
wieder als Landmiliz ins Feld. Als eine Anzahl Rekruten
20 aus dem Cleveschen und der Grafschaft Ravensperg nach
verlorenem Treffen fahnenflüchtig wurde und in die Heimat
zurückkehrte, da wurden die Ausreißer von ihren eigenen
Landsleuten und Verwandten für eibbrüchig erklärt, verbannt
und aus den Dörfern zum Heere zurückgejagt.
25 Nicht anders war das Urteil im Ausland. In den protestantischen Kantonen der Schweiz nahm man so warmen
Teil an dem Geschick des Königs, als wären die Enkel der
Rütlimänner nie vom deutschen Reich abgelöst worden.
Ebenso stand es in England. Jeder Sieg des Königs erregte
30 in London laute Freude, die Häuser wurden erleuchtet, Bild-
nisse und Lobgedichte feilgeboten, im Parlament verkündete

Pitt bewundernd jede neue Tat des großen Alliierten. Selbst
zu Paris war man im Theater, in den Gesellschaften mehr
preußisch als französisch gesinnt. Die Franzosen spotteten
über ihre eigenen Generäle und die Clique der Pompadour;
wer dort für die französischen Waffen war, so berichtet Duclos, 5
durfte kaum damit laut werden. In Petersburg war
Großfürst Peter und sein Anhang so gut preußisch, daß dort
bei jedem Nachteil, den Friedrich erhalten, in der Stille
getrauert wurde. Ja bis in die Türkei und zum Khan der
Tartaren reichte der Enthusiasmus. Und diese Pietät eines 10
ganzen Weltteils überdauerte den Krieg. Dem Maler
Hackert wurde mitten in Sizilien bei der Durchreise durch
eine kleine Stadt von dem Magistrat ein Ehrengeschenk von
Wein und Früchten überreicht, weil sie gehört hätten, daß er
ein Preuße sei, ein Untertan des großen Königs, dem sie 15
dadurch ihre Ehrfurcht erweisen wollten. Und Muley Ismael,
Kaiser von Marokko, ließ die Schiffsmannschaft eines Bürgers
von Emden, den die Barbaresken nach Mogador geschleppt,
ohne Lösung frei, schickte die Mannschaft neugekleidet nach
Lissabon und gab ihnen die Versicherung: ihr König sei der 20
größte Mann der Welt, kein Preuße solle in seinen Ländern
Gefangener sein, seine Kreuzer würden nie die preußische
Flagge angreifen.

Arme, gedrückte Seele des deutschen Volkes, wie lange war
es doch her, seit die Männer zwischen Rhein und Oder nicht 25
die Freude gefühlt hatten, unter den Nationen der Erde vor
andern geachtet zu sein! Jetzt war durch den Zauber einer
Manneskraft alles wie umgewandelt. Wie aus bangem
Traum erwacht sah der Landsmann auf die Welt und in sein
eigenes Herz. Lange hatten die Menschen still vor sich hin 30
gelebt, ohne Vergangenheit, deren sie sich freuten, ohne eine

große Zukunft, auf die sie hofften. Jetzt empfanden sie auf einmal, daß auch sie Teil hatten an der Ehre und Größe in der Welt, daß ein König und sein Volk, alle von ihrem Blute, dem deutschen Wesen eine goldne Fassung gegeben hatten,
5 der Geschichte der zivilisierten Menschheit einen neuen Inhalt. Jetzt durchlebten sie alle selbst, wie ein großer Mensch kämpfte, wagte und siegte.

Aber während die junge Kraft des Volkes in begeisterter Wärme die Flügel regte, wie empfand unterdes der große
10 Fürst, der ohne Ende gegen die Feinde rang? Als ein schwacher Ton klang der begeisternde Ruf des Volkes an sein Ohr, fast gleichgiltig vernahm ihn der König. In ihm wurde es stiller und kälter. Zwar immer wieder kamen leidenschaftliche Stunden des Schmerzes und herzzerreißender Sorge.
15 Er verschloß sie vor seinem Heere in sich, das ruhige Antlitz wurde härter, tiefer die Furchen, gespannter der Blick. Gegen wenige Vertraute öffnete er in einzelnen Stunden das Innere, dann bricht auf einige Augenblicke der Schmerz eines Mannes hervor, der an den Grenzen des Menschlichen ange
20 kommen ist.

Zehn Tage nach der Schlacht bei Collin starb seine Mutter; wenige Wochen darauf scheuchte er im Zorn seinen Bruder August Wilhelm vom Heere, das dieser zu führen nicht kräftig genug gewesen war; das Jahr darauf starb auch
25 dieser, wie der meldende Offizier dem König verkündete, durch Gram getötet. Kurz darauf erhielt er die Nachricht vom Tode seiner Schwester von Baireuth. Einer nach dem andern von seinen Generälen sank an seiner Seite oder verlor des Königs Vertrauen, weil er den übermenschlichen Aufgaben
30 dieses Krieges nicht gewachsen war. Seine alten Soldaten, sein Stolz, eherne Krieger in drei harten Kriegen erprobt, sie,

die sterbend noch die Hand nach ihm ausstreckten und seinen
Namen riefen, wurden in Haufen um ihn zerschmettert, und
was in die weiten Gassen eintrat, die der Tod unaufhörlich
in sein Heer riß, das waren junge Leute, manche gute Kraft,
viel schlechtes Volk. Der König gebrauchte sie, wie die an= 5
dern auch, strenger, härter. Auch der schlechteren Masse gab
sein Blick und Wort Bravour und Hingebung, aber er wußte
doch, wie dies alles nicht retten würde; kurz und schneidend
wurde sein Tadel, sparsam sein Lob. So lebte er fort, fünf
Sommer und Winter kamen und gingen, riesig war die 10
Arbeit, unermüdlich sein Denken und Kombinieren, das Fernste
und Kleinste übersah prüfend sein Adlerauge, und doch keine
Änderung, und doch nirgend eine Hoffnung. Der König
las und schrieb in den Stunden der Ruhe, grade wie früher,
er machte seine Verse und unterhielt die Korrespondenz mit 15
Voltaire und Algarotti, aber er war gefaßt, alles das werde
nächstens für ihn ein Ende haben, ein kurzes, schnelles; er
trug Tag und Nacht bei sich, was ihn von Daun und
Laudon frei machte. Der ganze Handel wurde ihm zuweilen
verächtlich. 20

Diese Stimmungen des Mannes, von welchem das geistige
Leben Deutschlands seine neue Zeit datiert, verdienen wohl,
daß der Deutsche sie mit Ehrfurcht beachte. Es ist hier nur
möglich Einzelnes herauszuheben, wie es vorzugsweise in den
Briefen Friedrichs an den Marquis d'Argens und Frau von 25
Camas hervorbricht. So spricht der große König von seinem
Leben:

(1757. Juni.) Das Mittel gegen meinen Schmerz liegt
in der täglichen Arbeit, die ich zu tun verpflichtet bin, und in
den fortgesetzten Zerstreuungen, die mir die Zahl meiner Feinde 30
gewährt. Wenn ich bei Collin getötet wäre, ich würde jetzt

in einem Hafen sein, wo ich keinen Sturm mehr zu fürchten
hätte. Jetzt muß ich noch über das stürmische Meer schiffen,
bis ein kleiner Winkel Erde mir das Gut gewährt, das ich
auf dieser Welt nicht habe finden können. — Seit zwei
5 Jahren stehe ich wie eine Mauer, in die das Unglück Bresche
geschossen hat. Aber denken Sie nicht, daß ich weich werde.
Man muß sich schützen in diesen unseligen Zeiten durch
Eingeweide von Eisen und ein Herz von Erz, um alles Gefühl zu verlieren. Der nächste Monat wird entscheiden für
10 mein armes Land. Meine Rechnung ist: ich werde es retten,
oder mit ihm untergehen. Sie können sich keinen Begriff
machen von der Gefahr, in der wir sind, und von den
Schrecken, die uns umgeben. —

(1758. Dec.) Ich bin dies Leben sehr müde. Ich habe
15 alles verloren, was ich auf dieser Welt geliebt und geehrt
habe, ich sehe mich umgeben von Unglücklichen, deren Leiden
ich nicht abhelfen kann. Meine Seele ist noch gefüllt mit den
Eindrücken der Ruinen aus meinen besten Provinzen und der
Schrecken, welche eine Horde mehr von unvernünftigen
20 Tieren als von Menschen dort verübt hat. Auf meine alten
Tage bin ich fast bis zu einem Theaterkönig herabgekommen;
Sie werden mir zugeben, daß eine solche Lage nicht so reizvoll
ist, um die Seele eines Philosophen an das Leben zu fesseln.

(1759. März.) Ich weiß nicht, was mein Schicksal sein
25 wird. Ich werde alles tun, was von mir abhängen wird,
um mich zu retten, und wenn ich unterliege, der Feind soll es
teuer bezahlen. Ich habe mein Winterquartier als Klausner
überstanden, ich speise allein, bringe mein Leben mit Lesen
und Schreiben hin, und soupiere nicht. Wenn man traurig
30 ist, so kostet es auf die Länge zu viel, unaufhörlich seinen Ver-
druß zu verbergen, und es ist besser, sich allein zu betrüben,

als seine Verstimmung in die Gesellschaft zu bringen. Nichts
tröstet mich als die starke Anspannung, welche die Arbeit
fordert; so lange sie dauert, verscheucht sie die traurigen
Ideen.

Aber ach, wenn die Arbeit geendet ist, dann werden die 5
Grabesgedanken wieder so lebendig, wie vorher. Maupertuis
hat Recht, die Summe der Übel ist größer als die des Guten.
Aber mir ist es gleich, ich habe fast nichts mehr zu verlieren,
und die wenigen Tage, die mir bleiben, beunruhigen mich
nicht so sehr, daß ich mich lebhaft dafür interessieren sollte. — 10

(1759. 16. Aug.) Ich will mich auf ihren Weg stellen
und mir den Hals abschneiden lassen, oder die Hauptstadt
retten. Ich denke, das ist Ausdauer genug. Für den Erfolg
will ich nicht stehen. Hätte ich mehr als ein Leben, ich wollte
es für mein Vaterland hingeben. Wenn mir aber dieser 15
Streich fehlschlägt, so halte ich mich für quitt gegen mein
Land, und es wird mir erlaubt sein, für mich selbst zu sorgen.
Es gibt Grenzen für alles. Ich ertrage mein Unglück, ohne
daß es mir den Mut nimmt. Aber ich bin sehr entschlossen,
wenn dies Unternehmen fehlschlägt, mir einen Ausweg zu 20
machen, um nicht der Spielball von jeder Sorte von Zufall
zu sein. — Glauben Sie mir, man braucht noch mehr als
Festigkeit und Ausdauer, um sich in meiner Lage zu erhalten.
Aber ich sage Ihnen frei heraus, wenn mir ein Unglück begeg=
net, so rechnen Sie nicht darauf, daß ich Ruin und Untergang 25
meines Vaterlandes überlebe. Ich habe meine eigne Art zu
denken. Ich will weder Sertorius noch Cato nachahmen, ich
denke gar nicht an meinen Ruhm, sondern an den Staat. —

(1760. Okt.) Der Tod ist süß im Vergleich mit solchem
Leben. Haben Sie Mitgefühl mit meiner Lage, glauben 30
Sie mir, daß ich noch vieles Traurige verberge, womit ich

andere nicht betrüben und beunruhigen will. — Ich betrachte
als Stoifer den Tod. Niemals werde ich den Moment
erleben, der mich verpflichten wird, einen nachteiligen Frieden
zu schließen. Keine Überredung, keine Beredsamkeit werden
5 mich bestimmen können, meine Schmach zu unterzeichnen.
Entweder lasse ich mich unter den Trümmern meines Vater=
landes begraben, oder wenn dieser Trost bei dem Geschick,
welches mich verfolgt, noch zu süß erscheint, so werde ich
meinen Leiden ein Ende machen, sobald es nicht mehr mög=
10 lich wird sie zu ertragen. Ich habe gehandelt und ich fahre
fort zu handeln nach diesem innerlichen Ehrgefühl. Meine
Jugend habe ich meinem Vater geopfert, mein Mannesalter
meinem Vaterlande, ich glaube dadurch das Recht erlangt zu
haben, über meine alten Jahre zu verfügen. Ich sage es und
15 ich wiederhole es: nie wird meine Hand einen demütigenden
Frieden unterzeichnen. Ich habe einige Bemerkungen über
die militärischen Talente Karls XII. gemacht, aber ich habe
nicht darüber nachgedacht, ob er sich hätte töten sollen oder
nicht. Ich denke, daß er nach der Einnahme von Stralsund
20 weiser getan hätte sich zu expedieren; aber was er auch getan
oder gelassen hat, sein Beispiel ist keine Regel für mich. Es
gibt Leute, welche sich vom Glück belehren lassen; ich gehöre
nicht zu der Art. Ich habe für andere gelebt, ich will für
mich sterben. Ich bin sehr gleichgiltig über das, was man
25 darüber sagen wird, und versichere Ihnen, ich werde es
niemals hören. Heinrich IV. war ein jüngerer Sohn aus
gutem Hause, der sein Glück machte, ihm kam es nicht darauf
an; wozu hätte er sich im Unglück hängen sollen? Ludwig
XIV. war ein großer König und hatte große Hilfsmittel, er
30 zog sich wohl oder übel aus der Affaire. Was mich betrifft,
ich habe nicht die Hilfsquellen dieses Mannes, aber die Ehre

ist mir mehr wert als ihm, und wie ich Ihnen gesagt habe,
ich richte mich nach niemand. Wir zählen, wenn mir recht ist,
fünftausend Jahre seit Schöpfung der Welt, ich glaube, daß
diese Rechnung viel zu niedrig für das Alter des Universums
ist. Das Land Brandenburg hat gestanden diese ganze Zeit, 5
bevor ich war, und wird fortbestehen nach meinem Tode. Die
Staaten werden erhalten durch die Fortpflanzung der Rassen,
und so lange man daran arbeiten wird das Leben zu verviel=
fältigen, wird auch der Haufen durch Minister oder Souveräne
regiert werden. Das bleibt sich fast gleich, ein wenig ein= 10
fältiger, ein wenig klüger, die Unterschiede sind so gering,
daß die Masse des Volkes kaum etwas davon wahrnimmt.
Wiederholen Sie mir also nicht die alten Einwendungen
der Hofleute; Eigenliebe und Eitelkeit vermögen durchaus nicht
meine Empfindung zu ändern. Es ist kein Akt der Schwäche, 15
so unglückliche Tage zu enden, es ist eine vorsichtige
Politik. — Ich habe alle meine Freunde verloren, meine lieb=
sten Verwandten, ich bin unglücklich nach allen Möglichkeiten,
ich habe nichts zu hoffen, meine Feinde behandeln mich mit
Verachtung, mit Hohnlachen, und ihr Stolz rüstet sich mich 20
unter ihre Füße zu treten.

(1760. Nov.) Meine Arbeit ist schrecklich, der Krieg hat
fünf Feldzüge gedauert. Wir vernachlässigen nichts, was
uns Mittel des Widerstandes geben kann, und ich spanne den
Bogen mit meiner ganzen Kraft; aber eine Armee ist zusam= 25
mengesetzt aus Armen und Köpfen. Arme fehlen uns nicht,
aber die Köpfe sind bei uns nicht mehr vorhanden, wenn Sie
sich nicht etwa die Mühe geben wollen, mir einige beim Bild=
hauer Adam zu bestellen, und die würden grade so viel nützen,
als was ich habe. Meine Pflicht und Ehre halten mich fest. 30
Aber trotz Stoizismus und Ausdauer gibt es Augenblicke, wo

man einige Luft verspürt, sich dem Teufel zu ergeben. Abieu,
mein lieber Marquis, laffen Sie sichs gut gehen und machen
Sie Ihre Gelübde für einen armen Teufel, der sich von hin=
nen begeben wird, um nach jener Wiese, die mit Asphodelos
5 bepflanzt ist, zu reisen, wenn der Frieden nicht zustande
kommt.

(1761. Juni.) Zählen Sie dies Jahr nicht auf den
Frieden. Wenn das Glück mich nicht verläßt, so werde ich
mich aus dem Handel ziehen, so gut ich kann. Aber ich
10 werde im nächsten Jahr noch auf dem Seil tanzen und
gefährliche Sprünge machen müssen, wenn es Ihren sehr
apostolischen, sehr christlichen und sehr moskowitischen Ma=
jestäten gefällt zu rufen: „Springe, Marquis!" — Ach, wie
sind die Menschen doch hartherzig! Man sagt mir, du hast
15 Freunde. Ja schöne Freunde, die mit gekreuzten Armen
einem sagen: „Wirklich, ich wünsche dir alles Glück!" —
„Aber ich ertrinke, reicht mir einen Strick!" — Nein, du
wirst nicht ertrinken. — „Doch, ich muß im nächsten Augen=
blick untergehn." — O, wir hoffen das Gegenteil. Aber
20 wenn dir das begegnete, so sei überzeugt, wir werden dir eine
schöne Grabschrift machen. — So ist die Welt, das sind die
schönen Komplimente, womit man mich von allen Seiten
bewillkommt.

(1762. Jan.) Ich bin so unglücklich in diesem ganzen
25 Kriege gewesen mit der Feder und mit dem Degen, daß ich ein
großes Mißtrauen gegen alle glücklichen Ereignisse erhalten
habe. Ja, die Erfahrung ist eine schöne Sache; in meiner
Jugend war ich ausgelassen wie ein Füllen, das ohne Zaum
auf einer Wiese umherspringt, jetzt bin ich vorsichtig geworden
30 wie der alte Nestor. Aber ich bin auch grau, runzelig aus
Kummer, durch Körperleiden niedergedrückt und, mit einem

Worte, nur noch gut vor die Hunde geworfen zu werden.
Sie haben mich immer ermahnt, mich wohl zu befinden; geben
Sie mir das Mittel, mein Lieber, wenn man gezaust wird,
wie ich. Die Vögel, welche man dem Mutwillen der Kinder
überläßt, die Kreisel, welche durch Meerkatzen herum gepeitscht 5
werden, sind nicht mehr umhergetrieben und gemißhandelt,
als ich bis jetzt durch drei wütende Feinde war.

(1762. Mai.) Ich gehe durch eine Schule der Geduld,
sie ist hart, langwierig, grausam, ja barbarisch. Ich rette
mich daraus, indem ich das Universum im Ganzen ansehe, 10
wie von einem fremden Planeten. Da erscheinen mir alle
Gegenstände unendlich klein, und ich bemitleide meine Feinde,
daß sie sich so viel Mühe um so Geringes geben. Ist es das
Alter, ist es das Nachdenken, ist es die Vernunft? ich be=
trachte alle Ereignisse des Lebens mit viel mehr Gleichgiltig= 15
keit als sonst. Gibt es etwas für das Wohl des Staats zu
tun, so setze ich noch einige Kraft daran, aber unter uns
gesagt, es ist nicht mehr das feurige Stürmen meiner Ju=
gend, nicht der Enthusiasmus, der mich sonst beseelte. Es ist
Zeit, daß der Krieg zu Ende geht, denn meine Predigten 20
werden langweilig, und bald werden meine Zuhörer sich über
mich beklagen.

Und an Frau von Camas schreibt er: „Sie sprechen von
dem Tod der armen F... Ach, liebe Mama, seit sechs Jahren
beklage ich nicht mehr die Toten, sondern die Lebenden." — 25

So schrieb und trauerte der König, aber er hielt aus.
Und wer durch die finstere Energie seines Entschlusses er=
schüttert wird, der möge sich vor der Meinung hüten, daß in
ihr die Kraft dieses wunderbaren Geistes ihren höchsten
Ausdruck finde. Es ist wahr, der König hatte einige Augen= 30
blicke der Betäubung, wo er die Kugel des Feindes für sich

forderte, um nicht selbst den Tod in der Kapsel suchen zu
müssen, welche er in den Kleidern trug; es ist wahr, er war
fest entschlossen, den Staat nicht dadurch zu verderben, daß er
als Gefangener Österreichs lebe; in so fern hat, was er
5 schreibt, eine furchtbare Wahrheit. Aber er war auch von
poetischer Anlage, war ein Kind aus dem Jahrhundert,
welches sich so sehr nach großen Taten sehnte und in dem
Aussprechen erhabener Stimmungen so hohe Befriedigung
fand; er war im Grund seines Herzens ein Deutscher mit
10 denselben Herzensbedürfnissen, wie etwa der unendlich
schwächere Klopstock und dessen Verehrer. Das Reflektieren
und entschlossene Aussprechen seines letzten Plans machte ihn
innerlich freier und heiterer. Auch seiner Schwester von
Baireuth schrieb er darüber in dem unheimlichen zweiten
15 Jahre des Krieges, und dieser Brief ist besonders charak-
teristisch. Denn auch die Schwester ist entschlossen, ihn und
den Fall ihres Hauses nicht zu überleben, und er billigt
diesen Entschluß, dem er übrigens in seinem düstern Behagen
über die eigenen Betrachtungen wenig Beachtung gönnt.
20 Einst hatten die beiden Königskinder im strengen Vaterhause
heimlich die Rollen französischer Trauerspiele mit einander
rezitiert, jetzt schlugen ihre Herzen wieder in dem einmütigen
Gedanken, sich durch einen antiken Tod aus dem Leben voll
Täuschung, Verirrung und Leiden zu befreien. Aber als
25 die aufgeregte und nervöse Schwester gefährlich erkrankte, da
vergaß Friedrich alle seine Philosophie aus der Schule der
Stoa, und in leidenschaftlicher Zärtlichkeit, die noch fest am
Leben hing, sorgte und grämte er sich um die, welche ihm die
liebste seiner Familie war. Und als sie starb, da wurde ein
30 lauter Kummer vielleicht noch durch die Empfindung geschärft,
daß er zu tragisch in das zarte Leben der Frau gegriffen hatte.

So mischt sich auch bei dem größten von allen Deutschen,
welche aus der ersten Hälfte des achtzehnten Jahrhunderts
heraufkamen, poetische Empfindung und der Wunsch, schön
und groß zu erscheinen, seltsam in das ernsthafte Leben der
Wirklichkeit. Der König aber war größer als seine Philo- 5
sophie. In der Tat verlor er gar nicht seinen Mut, die
zähe, trotzige Kraft des Germanen, und nicht die stille Hoffnung, welche der Mensch bei jeder starken Arbeit bedarf.

Und er hielt aus. Die Kraft seiner Feinde wurde geringer, auch ihre Feldherren nutzten sich ab, auch ihre Heere 10
wurden zerschmettert, endlich trat Rußland von der Koalition
zurück. Dies und die letzten Siege des Königs gaben den
Ausschlag. Er hatte überwunden, er hatte das eroberte Schlesien für Preußen gerettet; sein Volk frohlockte, die treuen
Bürger seiner Hauptstadt bereiteten ihm den festlichsten Em- 15
pfang, er aber mied die Freude der Menschen und kehrte allein
und still nach Sanssouci zurück. Er wollte den Rest seiner
Tage, wie er sagte, im Frieden für sein Volk leben.

Die ersten dreiundzwanzig Jahre seiner Regierung hatte
er gerungen und gekriegt, seine Kraft gegen die Welt durch- 20
zusetzen; noch dreiundzwanzig Jahre sollte er friedlich über sein
Volk herrschen als ein weiser und strenger Hausvater. Die
Ideen, nach denen er den Staat leitete, mit größter Selbstverleugnung, aber selbstwillig, das Größte erstrebend und auch
das Kleinste beherrschend, sind zum Teil durch höhere Bil- 25
dungen der Gegenwart überwunden worden; sie entsprachen
der Einsicht, welche seine Jugend und die Erfahrungen des
ersten Mannesalters ihm gegeben hatten. Frei sollte der
Geist sein, jeder denken, was er wollte, aber tun, was seine
Bürgerpflicht war. Wie er selbst sein Behagen und seine 30
Ausgaben dem Wohl des Staates unterordnete, mit etwa

200,000 Talern den ganzen königlichen Haushalt bestritt, zuerst an den Vorteil des Volkes und zuletzt an sich dachte, so sollten alle seine Untertanen bereitwillig das tragen, was er ihnen an Pflicht und Last auflegte. Jeder sollte in dem
5 Kreise bleiben, in den ihn Geburt und Erziehung gesetzt, der Edelmann sollte Gutsherr und Offizier sein, dem Bürger gehörte die Stadt, Handel, Industrie, Lehre und Erfindung, dem Bauer der Acker und die Dienste. Aber in seinem Stande sollte jeder gedeihen und sich wohl fühlen. Gleiches,
10 strenges, schnelles Recht für jeden, keine Begünstigung des Vornehmen und Reichen, in zweifelhaftem Falle lieber des kleinen Mannes. Die Zahl der tätigen Menschen vermehren, jede Tätigkeit so lohnend als möglich machen und so hoch als möglich steigern, so wenig als möglich vom Ausland
15 kaufen, alles selbst produzieren, den Überschuß über die Grenzen fahren, das war der Hauptgrundsatz seiner Staatswirtschaft. Unablässig war er bemüht, die Morgenzahl des Ackerbodens zu vergrößern, neue Stellen für Ansiedler zu schaffen. Sümpfe wurden ausgetrocknet, Seen abgezapft, Deiche aufge-
20 worfen. Kanäle wurden gegraben, Vorschüsse bei Anlagen neuer Fabriken gemacht, Städte und Dörfer auf Antrieb und mit Geldmitteln der Regierung massiver und gesünder wieder aufgebaut; das landschaftliche Kreditsystem, die Feuersozietät, die königliche Bank wurden gegründet, überall wur-
25 den Volksschulen gestiftet, unterrichtete Leute angezogen, überall Bildung und Ordnung des regierenden Beamtenstandes durch Prüfungen und strenge Kontrolle gefördert. Es ist Sache des Geschichtschreibers das aufzuzählen und zu rühmen, auch einzelne verfehlte Versuche des Königs hervorzuheben, die bei
30 dem Bestreben, alles selbst zu leiten, nicht ausbleiben konnten.

Für alle seine Länder sorgte der König, nicht zuletzt für

sein Schmerzenskind, das neuerworbene Schlesien. Als der
König die große Landschaft eroberte, hatte sie wenig mehr als
eine Million Einwohner. Lebhaft wurde dort der Gegensatz
empfunden, der zwischen der bequemen österreichischen Wirt=
schaft und dem knappen, rastlosen, alles aufregenden Regiment 5
der Preußen war. In Wien war der Katalog verbotener
Bücher größer gewesen, als zu Rom, jetzt kamen unaufhörlich
die Bücherballen aus Deutschland in die Provinz gewandert,
das Lesen und Kaufen war zum Verwundern frei, sogar die
gedruckten Angriffe auf den eigenen Landesherrn. In Öster= 10
reich war es Privilegium der Vornehmen, ausländisches Tuch
zu tragen; als in Preußen der Vater Friedrichs des Großen
die Einfuhr von fremdem Tuch verboten hatte, kleidete er
zuerst sich und seine Prinzen in Landtuch. In Wien hatte
kein Amt für vornehm gegolten, wenn dazu noch etwas an= 15
deres als Repräsentation erfordert wurde, alle Arbeit war
Sache der Subalternen, der Kammerherr galt mehr als der
verdiente General und Minister; in Preußen war auch der
Vornehmste gering geachtet, wenn er dem Staat nichts nützte,
und der König selbst war der allergenaueste Beamte, der über 20
jedes Tausend Taler, das erspart oder verausgabt wurde,
sorgte und schalt. Wer in Österreich vom katholischen Glau=
ben abfiel, wurde mit Konfiskation und Verweisung bestraft,
bei den Preußen konnte zu jedem Glauben ab= und zufallen,
wer da wollte, das war seine Sache. Bei den Kaiserlichen 25
war der Regierung im Ganzen lästig gewesen, wenn sie sich
um etwas hatte bekümmern müssen, die preußischen Beamten
hatten ihre Nase und ihre Hände überall. Trotz der drei
schlesischen Kriege wurde die Provinz weit blühender, als zur
Kaiserzeit. Einst hatten hundert Jahre nicht ausgereicht, die 30
handgreiflichen Spuren des dreißigjährigen Krieges zu ver=

wischen, die Leute erinnerten sich wohl, wie überall in den
Städten die Schutthaufen aus der Schwedenzeit gelegen
hatten, überall neben den gebauten Häusern die wüsten
Brandstellen. Viele kleine Städte hatten noch Blockhäuser
5 nach alter slawischer Art mit Stroh- und Schindeldach, seit
lange dürftig ausgeflickt. Durch die Preußen waren die
Spuren nicht nur alter Verwüstung, auch der neuen des
siebenjährigen Krieges nach wenigen Jahrzehnten getilgt.
Friedrich hatte einige hundert neue Dörfer angelegt, hatte
10 fünfzehn ansehnliche Städte zum großen Teil auf königliche
Kosten wieder in regelmäßigen Straßen aufmauern lassen, er
hatte den Gutsherrn den harten Zwang aufgelegt, einige
tausend eingezogene Bauerhöfe wieder aufzubauen und mit
erblichen Eigentümern zu besetzen. Zur Kaiserzeit waren
15 die Abgaben weit geringer gewesen, aber sie waren ungleich
verteilt und lasteten zumeist auf dem Armen, der Adel war
vom größten Teil derselben befreit, die Erhebung war ungeschickt, viel wurde veruntreut und schlecht verwendet, es floß
verhältnismäßig wenig in die kaiserlichen Kassen. Die
20 Preußen dagegen hatten das Land in kleine Kreise geteilt,
den Wert des gesammten Bodens abgeschätzt, in wenig
Jahren fast alle Steuerbefreiung aufgehoben, das flache Land
zahlte jetzt seine Grundsteuer, die Städte ihre Akzise. So
trug die Provinz die doppelten Lasten mit größerer Leichtig-
25 keit, nur die Privilegierten murrten; und dabei konnte sie
noch 40,000 Soldaten unterhalten, während sonst etwa 2000
im Lande gewesen waren. Vor 1740 hatten die Edelleute
die großen Herren gespielt, wer katholisch und reich war, lebte
in Wien, wer sonst das Geld aufbringen konnte, zog sich nach
30 Breslau; jetzt saß die Mehrzahl der Gutsherren auf ihren
Gütern, der Adel wußte, daß es ihm beim König für eine

Ehre galt, wenn er für die Kultur des Bodens sorgte, und daß
der neue Herr solchen kalte Verachtung zeigte, die nicht Land-
wirte, Beamte oder Offiziere waren.   Früher waren die
Prozesse unabsehbar und kostspielig gewesen, ohne Bestechung
und Geldopfer kaum durchzusetzen; jetzt fiel auf, daß die Zahl 5
der Advokaten geringer wurde, die Urteile so schnell kamen.
Unter den Österreichern freilich war der Karavanen-Handel
mit dem Osten Europas größer gewesen, die Bukowiner und
Ungarn, auch die Polen entfremdeten sich und sahen bereits
nach Triest, aber dafür erhoben sich neue Industrien: Wolle 10
und Tuch, und in den Gebirgstälern ein großartiger Lein-
wandhandel. Viele fanden die neue Zeit unbequem, mancher wurde in der Tat durch ihre Härte gedrückt, wenige
wagten zu leugnen, daß es im Ganzen weit besser geworden
war.   15

Aber noch etwas anderes fiel dem Schlesier an dem
preußischen Wesen auf, und bald gewann dies Auffallende
eine stille Herrschaft über seine eigene Seele. Das war ein
hingebender spartanischer Geist der Diener des Königs, der
bis in die niedern Ämter so häufig zu Tage kam. Da waren 20
die Akziseeinnehmer, schon vor Einführung des französischen Systems wenig beliebt, invalide Unteroffiziere, alte
Soldaten des Königs, die seine Schlachten gewonnen hatten,
im Pulverdampfe ergraut waren. Sie saßen jetzt an den
Toren und rauchten aus ihrer Holzpfeife, sie erhielten sehr 25
geringen Gehalt, konnten sich gar nichts zu gute tun, aber sie
waren vom frühen Morgen bis späten Abend zur Stelle,
taten ihre Pflichten gewandt, kurz, pünktlich, wie alte Soldaten pflegen. Sie dachten immer an ihren Dienst, er war
ihre Ehre, ihr Stolz. Und noch lange erzählten alte Schle- 30
sier aus der Zeit des großen Königs ihren Enkeln, wie ihnen

auch an andern preußischen Beamten die Pünktlichkeit, Strenge und Ehrlichkeit aufgefallen war. Da war in jeder Kreisstadt ein Einnehmer der Steuern, er hauste in seiner kleinen Dienststube, die vielleicht zu gleicher Zeit sein Schlaf-
5 zimmer war, und sammelte in einer großen hölzernen Schüssel die Grundsteuer, welche die Schulzen allmonatlich am be- stimmten Tage in seine Stube trugen. Viele tausend Taler wurden auf langer Liste verzeichnet und bis auf den letzten Pfennig in die großen Hauptkassen abgeliefert. Gering war
10 die Besoldung auch eines solchen Mannes; er saß, nahm ein und packte in Beutel, bis sein Haar weiß wurde, und die zitternde Hand nicht mehr die Zweigroschenstücke zu werfen vermochte. Mit Achtung und einer gewissen Scheu sah das Volk auch auf diese untergeordneten Diener eines neuen
15 Prinzips. Und nicht die Schlesier allein. Es war damit überhaupt etwas Neues in die Welt gekommen. Nicht aus Laune. nannte Friedrich II. sich den ersten Diener seines Staates. Wie er auf den Schlachtfeldern seinen wilden Adel gelehrt hatte, daß es höchste Ehre sei für das Vaterland
20 zu sterben, so drückte sein unermüdliches pflichtgetreues Sor- gen auch dem kleinsten seiner Diener in entlegenem Grenzort die große Idee in die Seele, daß er zuerst zum Besten seines Königs und des Landes zu leben und zu arbeiten habe.

Als die Provinz Preußen im Siebenjährigen Kriege ge-
25 zwungen wurde der Kaiserin Elisabeth zu huldigen, und mehrere Jahre dem russischen Reich einverleibt blieb, da wagten die Beamten der Landschaft dennoch unter der fremden Armee und Regierung insgeheim für ihren König Geld und Getreide zu erheben, große Kunst wurde angewendet die Transporte
30 durchzubringen. Viele waren im Geheimnis, nicht ein Ver- räter darunter, verkleidet stahlen sie sich mit Lebensgefahr

durch die russischen Heere. Und sie merkten, daß sie geringen
Dank ernten würden, denn der König mochte seine Ostpreußen
überhaupt nicht leiden, er sprach geringschätzig von ihnen,
gönnte ihnen ungern die Gnaden, die er andern Provinzen
erwies, sein Antlitz wurde zu Stein, wenn er erfuhr, daß einer 5
seiner jungen Offiziere zwischen Weichsel und Memel geboren
sei, und nie betrat er seit dem Kriege ostpreußisches Gebiet. Die
Ostpreußen aber ließen sich dadurch in ihrer Verehrung gar
nicht stören, sie hingen mit treuer Liebe an dem ungnädigen
Herrn, und sein bester und begeisterter Lobredner war Im= 10
manuel Kant.

Wohl war es ein ernstes, oft rauhes Leben in des Königs
Dienst, unaufhörlich das Schaffen und Entbehren; auch dem
Besten war es schwer, dem strengen Herrn genug zu tun,
auch der größten Hingebung wurde ein kurzer Dank; war 15
eine Kraft abgenutzt, wurde sie vielleicht kalt bei Seite ge=
worfen; ohne Ende war die Arbeit, überall Neues, Ange=
fangenes, Gerüste an unfertigem Baue. Wer in das Land
kam, dem erschien das Leben gar nicht anmutig; es war so
herb, einförmig, rauh, wenig Schönheit und sorglose Heiter= 20
keit zu finden. Und wie der frauenlose Haushalt des Königs,
die schweigsamen Diener, die unterwürfigen Vertrauten unter
den Bäumen eines stillen Gartens dem fremden Gast den
Eindruck eines Klosters machten, so fand er in dem ganzen
preußischen Wesen etwas von der Entsagung und dem Ge= 25
horsam einer großen, emsigen Ordensbrüderschaft.

Denn auch auf das Volk selbst war etwas von diesem
Geiste übergegangen. Wir aber verehren darin ein unsterb=
liches Verdienst Friedrichs II., noch jetzt ist dieser Geist der
Selbstverleugnung das Geheimnis der Größe des preußischen 30
Staats, die letzte und beste Bürgschaft für seine Dauer. Die

kunstvolle Maschine, welche der große König mit so viel Geist
und Tatkraft eingerichtet hatte, sollte nicht ewig bestehen;
schon zwanzig Jahre nach seinem Tode zerbrach sie, aber daß
der Staat nicht zugleich mit ihr unterging, daß Intelligenz
5 und Patriotismus der Bürger selbst imstande waren, unter
seinen Nachfolgern auf neuen Grundlagen ein neues Leben
zu schaffen, das ist das Geheimnis von Friedrichs Größe.

Neun Jahre nach dem Schluß des letzten Krieges, der
um die Behauptung Schlesiens geführt wurde, vergrößerte
10 Friedrich seinen Staat durch einen neuen Erwerb, an Meilen-
zahl nicht viel geringer, leer an Menschen, durch die polnischen
Landesteile, welche seitdem unter dem Namen Westpreußen
deutsches Land geworden sind.

Waren schon die Ansprüche des Königs auf Schlesien
15 zweifelhaft gewesen, so bedurfte es jetzt des ganzen Scharfsinns
seiner Beamten, einige unsichere Rechte auf Teile des neuen
Erwerbs auszuschmücken.   Der König selbst frug wenig
danach. Er hatte mit fast übermenschlichem Heldenmut die
Besetzung Schlesiens vor der Welt verteidigt, durch Ströme
20 von Blut war die Provinz an Preußen gekittet. Hier tat
die Klugheit des Politikers fast allein das Werk. Und lange
fehlte in der Meinung der Menschen dem Eroberer die
Berechtigung, welche, wie es scheint, die Greuel des Krieges
und das zufällige Glück des Schlachtfeldes verleihen. Aber
25 dieser letzte Landgewinn des Königs, dem Kanonendonner und
Siegesfanfare so sehr fehlten, war doch von allen großen
Geschenken, welche das deutsche Volk Friedrich II. verdankt, das
größte und segensreichste. Mehrere hundert Jahre hindurch
waren die vielgeteilten Deutschen durch eroberungslustige
30 Nachbarn eingeengt und geschädigt worden; der große König
war der erste Eroberer, welcher wieder die deutschen Grenzen

weiter nach Osten hinausschob. Hundert Jahre nachdem
sein großer Ahnherr die Rheinfestungen gegen Ludwig XIV.
vergebens verteidigt hatte, gab er den Deutschen wieder die
nachdrückliche Mahnung, daß sie die Aufgabe haben, Gesetz,
Bildung, Freiheit, Kultur und Industrie in den Osten 5
Europas hineinzutragen. Sein ganzes Land, einige altsäch-
sische Territorien ausgenommen, war den Slawen durch
Gewalt und Kolonisation abgerungen, niemals seit der Völkerwanderung des Mittelalters hatte der Kampf um die weiten
Ebenen im Osten der Oder aufgehört, nie hatte sein Haus 10
vergessen, daß es Verwalter der deutschen Grenze war. So
oft die Waffen ruhten, stritten die Politiker. Kurfürst Friedrich Wilhelm hatte das Ordensland Preußen von der polnischen Lehnshoheit befreit, Friedrich I. hatte auf diese isolierte
Kolonie entschlossen die Königskrone gesetzt. Aber der Besitz 15
Ostpreußens war unsicher; nicht die verfaulte Republik Polen
drohte Gefahr, wohl aber die aufsteigende Größe Rußlands.
Friedrich hatte die Russen als Feinde achten gelernt, er kannte
die hochfliegenden Plane der Kaiserin Katharina. Da griff
der kluge Fürst im rechten Augenblick zu. Das neue Gebiet: 20
Pommerellen, die Woiwodschaft Kulm und Marienburg, das
Bistum Ermland, die Stadt Elbing, ein Teil von Kujavien, ein Teil von Posen, verband Ostpreußen mit Pommern und der Mark. Es war von je ein Grenzland gewesen,
seit der Urzeit hatten sich Völker von verschiedenem Stamm 25
an den Küsten der Ostsee gedrängt: Deutsche, Slawen,
Litauer, Finnen. Seit dem dreizehnten Jahrhundert waren
die Deutschen als Städtegründer und Ackerbauer in dies
Weichselland gedrungen: Ordensritter, Kaufleute, fromme
Mönche, deutsche Edelleute und Bauern. Zu beiden Seiten 30
des Weichselstroms erhoben sich Türme und Grenzsteine der

deutschen Kolonien. Vor allen ragte das prächtige Danzig,
das Venedig der Ostsee, der große Seemarkt der Slawen=
länder, mit seiner reichen Marienkirche und den Palästen
seiner Kaufherren, dahinter am andern Arm der Weichsel sein
5 bescheidener Rival Elbing, weiter aufwärts die stattlichen
Türme und weiten Laubengänge Marienburgs, dabei das
große Fürstenschloß der deutschen Ritter, das schönste Bauwerk
im deutschen Norden, und in dem Weichseltal auf üppigem
Niederungsboden die alten blühenden Kolonistengüter, eine
10 der gesegneten Landschaften der Welt, durch mächtige Dämme
aus der Ordenszeit gegen die Verwüstungen des Slawen=
stromes geschützt. Noch weiter aufwärts Marienwerder,
Graudenz, Kulm, und an den Niederungen der Netze Brom=
berg, Mittelpunkt des Grenzstriches unter polnischem Volk.
15 Kleinere deutsche Städte und Dorfgemeinden waren durch
das ganze Territorium zerstreut, eifrig hatten auch die reichen
Zisterzienserklöster Oliva und Pelplin kolonisiert. Aber die
tyrannische Härte des deutschen Ordens trieb die deutschen
Städte und Grundherren Westpreußens im fünfzehnten Jahr=
20 hundert zum Anschluß an Polen.

Die Reformation des sechzehnten Jahrhunderts unterwarf
sich nicht nur die Seelen der deutschen Kolonisten, auch in der
großen Republik Polen waren drei Vierteile des Adels pro=
testantisch, in der slawischen Landschaft Pommerellen um 1590
25 von hundert Kirchspielen etwa siebenzig. Und es schien eine
kurze Zeit, als sollte sich in dem slawischen Osten eine neue
Volkskraft und neue Kultur entwickeln, ein großer polnischer
Staat mit deutscher Städtekraft. Aber die Einführung der
Jesuiten brachte eine unheilvolle Umwandlung. Der pol=
30 nische Adel fiel zur katholischen Kirche zurück, in den Jesuiten=
schulen wurden seine Söhne zu bekehrungslustigen Fanatikern

gezogen, von da an verfiel der polnische Staat, immer trost=
loser wurden die Zustände.

Nicht gleich war die Haltung der Deutschen in West=
preußen gegenüber bekehrenden Jesuiten und slawischer
Tyrannei. Der eingewanderte deutsche Adel wurde katholisch 5
und polnisch, die Bürger und Bauern blieben hartnäckig
Protestanten. Zu dem Gegensatz der Sprache kam jetzt auch
der Gegensatz der Konfessionen, zu dem Stammhaß die Glau=
benswut. Grade in dem Jahrhundert der Aufklärung
wurde in diesen Landschaften die Verfolgung der Deutschen 10
fanatisch, eine protestantische Kirche nach der andern wurde
eingezogen, niedergerissen, die hölzernen angezündet; war eine
Kirche verbrannt, so hatten die Dörfer das Glockenrecht ver=
loren, deutsche Prediger und Schullehrer wurden verjagt und
schändlich mißhandelt. "Vexa Lutheranum, dabit tha= 15
lerum" wurde das gewöhnliche Sprichwort der Polen gegen
die Deutschen. Einer der größten Grundherren des Landes,
ein Unruh aus dem Hause Birnbaum, Starost von Gnesen,
wurde zum Tode mit Zungenausreißen und Handabhauen
verurteilt, weil er aus deutschen Büchern beißende Bemer= 20
kungen gegen die Jesuiten in ein Notizbuch geschrieben hatte.
Es gab kein Recht, es gab keinen Schutz mehr. Die nationale
Partei des polnischen Adels verfolgte im Bunde mit fana=
tischen Pfaffen am leidenschaftlichsten die, welche sie als
Deutsche und Protestanten haßte. Zu den Patrioten oder 25
Konföderierten lief alles raublustige Gesindel; sie warben
Haufen, zogen plündernd im Lande umher, überfielen kleinere
Städte und deutsche Dörfer. Immer ärger ward dieses
Wüten gegen die Deutschen, nicht nur aus Glaubenseifer,
noch mehr aus Habsucht. Der polnische Edelmann Ros= 30
kowski zog einen roten und einen schwarzen Stiefel an, der

eine sollte Feuer, der andere Tod bedeuten; so ritt er brand-
schaßend von einem Ort zum andern, ließ endlich in Jastrow
dem evangelischen Prediger Willich Hände, Füße und zuletzt
den Kopf abhauen und die Glieder in einen Morast werfen.
5 Das geschah 1768.

So sah es in dem Lande kurz vor der preußischen Be-
seßung aus. Es waren Zustände, wie sie jeßt etwa noch in
Bosnien möglich, in dem elendesten Winkel des christlichen
Europas unerhört wären.

10 Zwar Danzig, den Polen unentbehrlich, erhielt sich durch
diese Jahrzehnte der Auflösung in vornehmer Abgeschlossen-
heit, es blieb ein Freistaat unter slawischem Schuß, lange dem
großen König ärgerlich und wenig geneigt. Aber dem Land
und den meisten deutschen Städten war die energische Hilfe
15 des Königs Rettung vom Untergange. Die preußischen
Beamten, welche in das Land geschickt wurden, waren erstaunt
über die Trostlosigkeit der unerhörten Verhältnisse, welche
wenige Tagereisen von ihrer Hauptstadt bestanden. Nur
einige größere Städte, in denen das deutsche Leben durch feste
20 Mauern und den alten Marktverkehr unterhalten wurde, und
geschüßte Landstriche, welche ausschließlich von Deutschen be-
wohnt wurden, wie die Niederung bei Danzig, die Dörfer
unter der milden Herrschaft der Zisterzienser von Oliva und
die wohlhabenden deutschen Ortschaften des katholischen Erm-
25 lands, lebten in erträglichen Zuständen. Andere Städte
lagen in Trümmern, wie die meisten Höfe des Flachlandes.
Bromberg, die deutsche Kolonistenstadt, fanden die Preußen
in Schutt und Ruinen; es ist noch heute nicht möglich,
genau zu ermitteln, wie die Stadt in diesen Zustand ge-
30 kommen ist, ja die Schicksale, welche der ganze Neßedistrikt
in den leßten neun Jahren vor der preußischen Besißnahme

erduldet hat, sind völlig unbekannt, kein Geschichtschreiber,
keine Urkunde, keine Aufzeichnung gibt Bericht über die
Zerstörung und das Gemetzel, welches dort verwüstet haben
muß. Offenbar haben die polnischen Faktionen sich unter
einander geschlagen, Mißernten und Seuchen mögen das 5
Übrige getan haben. Kulm hatte aus alter Zeit seine wohl-
gefügten Mauern und die stattlichen Kirchen erhalten, aber in
den Straßen ragten die Hälse der Hauskeller über das
morsche Holz und die Ziegelbrocken der zerfallenen Gebäude
hervor, ganze Straßen bestanden nur aus solchen Kellerräu- 10
men, in denen elende Bewohner hausten. Von den vierzig
Häusern des großen Marktplatzes hatten achtundzwanzig
keine Türen, keine Dächer, keine Fenster und keine Eigen-
tümer. In ähnlicher Verfassung waren andere Städte.

Auch die Mehrzahl des Landvolks lebte in Zuständen, 15
welche den Beamten des Königs jämmerlich schienen, zumal
an der Grenze Pommerns, wo die wendischen Kassuben saßen.
Wer dort einem Dorf nahte, der sah graue Hütten und zer-
rissene Strohdächer auf kahler Fläche, ohne einen Baum, ohne
einen Garten — nur die Sauerkirschbäume waren althei- 20
misch. Die Häuser waren aus hölzernen Sprossen gebaut,
mit Lehm ausgeklebt; durch die Haustür trat man in die
Stube mit großem Herd ohne Schornstein; Stubenöfen
waren unbekannt, selten wurde ein Licht angezündet, nur der
Kienspahn erhellte das Dunkel der langen Winterabende; 25
das Hauptstück des elenden Hausrats war das Kruzifix,
darunter der Napf mit Weihwasser. Das schmutzige und
wüste Volk lebte von Brei aus Roggenmehl, oft nur von
Kräutern, die sie als Kohl zur Suppe kochten, von Heringen
und Branntwein, dem Frauen wie Männer unterlagen. 30
Brod wurde nur von den Reichsten gebacken. Viele hatten

in ihrem Leben nie einen solchen Leckerbissen gegessen, in
wenig Dörfern stand ein Backofen. Hielten die Leute ja
einmal Bienenstöcke, so verkauften sie den Honig an die
Städter, außerdem geschnitzte Löffel und gestohlne Rinde,
5 dafür erstanden sie auf den Jahrmärkten den groben blauen
Tuchrock, die schwarze Pelzmütze und das hellrote Kopftuch
für ihre Frauen. Nicht häufig war ein Webestuhl, das
Spinnrad kannte man gar nicht. Die Preußen hörten dort
kein Volkslied, keinen Tanz, keine Musik, Freuden, denen auch
10 der elendeste Pole nicht entsagt; stumm und schwerfällig
trank das Volk den schlechten Branntwein, prügelte sich und
taumelte in die Winkel. Auch der Bauernadel unterschied
sich kaum von den Bauern, er führte seinen Hakenpflug selbst
und klapperte in Holzpantoffeln auf dem ungedielten Fußbo=
15 den seiner Hütte. Schwer wurde es auch dem Preußenkönig,
diesem Volke zu nützen. Nur die Kartoffeln verbreiteten sich
schnell, aber noch lange wurden die befohlenen Obstpflan=
zungen von dem Volke zerstört, und alle anderen Kulturver=
suche fanden Widerstand.

20   Ebenso dürftig und verfallen waren die Grenzstriche mit
polnischer Bevölkerung, aber der polnische Bauer bewahrte in
seiner Armseligkeit und Unordnung wenigstens die größere
Regsamkeit seines Stammes. Selbst auf den Gütern der
größern Edelleute, der Starosten und der Krone waren alle
25 Wirtschaftsgebäude verfallen und unbrauchbar. Wer einen
Brief befördern wollte, mußte einen besondern Boten schicken,
denn es gab keine Post im Lande; freilich fühlte man in den
Dörfern auch nicht das Bedürfnis darnach, denn ein großer
Teil der Edelleute konnte so wenig lesen und schreiben wie
30 die Bauern. Wer erkrankte, fand keine Hilfe als die Ge=
heimmittel einer alten Dorffrau, denn es gab im ganzen

Lande keine Apotheken. Wer einen Rock bedurfte, tat wohl,
selbst die Nadel in die Hand zu nehmen, denn auf viele
Meilen weit war kein Schneider zu finden, wenn er nicht
abenteuernd durch das Land zog. Wer ein Haus bauen
wollte, der mochte zusehen, wo er von Westen her Handwerker 5
gewann. Noch lebte das Landvolk in ohnmächtigem Kampf
mit den Heerden der Wölfe; wenig Dörfer, welchen nicht in
jedem Winter Menschen und Tiere dezimiert wurden. Brachen die Pocken aus, kam eine ansteckende Krankheit ins
Land, dann sahen die Leute die weiße Gestalt der Pest durch 10
die Luft fliegen und sich auf ihren Hütten niederlassen; sie
wußten, was solche Erscheinung bedeutete, es war Veröbung
ihrer Hütten, Untergang ganzer Gemeinden; in dumpfer
Ergebenheit erwarteten sie dies Geschick. — Es gab kaum eine
Rechtspflege im Lande, nur die größern Städte bewahrten 15
unkräftige Gerichte; der Edelmann, der Starost verfügten
mit schrankenloser Willkür ihre Strafen, sie schlugen und
warfen in scheußlichen Kerker nicht nur den Bauer, auch den
Bürger der Landstädte, der unter ihnen saß oder in ihre
Hände fiel. In den Händeln, die sie unter einander hatten, 20
kämpften sie durch Bestechung bei den wenigen Gerichtshöfen,
die über sie urteilen durften; in den letzten Jahren hatte
auch das fast aufgehört, sie suchten ihre Rache auf eigne
Faust durch Überfall und blutige Hiebe.

Es war in der Tat ein verlassenes Land, ohne Zucht, 25
ohne Gesetz, ohne Herrn; es war eine Einöde, auf 600
Quadratmeilen wohnten 500,000 Menschen, nicht 850 auf
der Meile. Und wie eine herrenlose Prairie behandelte auch
der Preußenkönig seinen Erwerb, fast nach Belieben setzte er
sich die Grenzsteine und rückte sie wieder einige Meilen 30
hinaus. Bis zur Gegenwart erhielt sich in Ermland, der

Landschaft um Heilberg und Braunsberg mit zwölf Städten
und hundert Dörfern, die Erinnerung, daß zwei preußische
Tamboure mit zwölf Mann das ganze Ermland durch vier
Trommelschlägel erobert hatten.   Und darauf begann der
5 König in seiner großartigen Weise die Kultur des Landes;
grade die verrotteten Zustände waren ihm reizvoll, und „West=
preußen" wurde, wie bis dahin Schlesien, fortan sein Lieb=
lingskind, das er mit unendlicher Sorge, wie eine treue Mut=
ter, wusch und bürstete, neu kleidete, zu Schule und Ordnung
10 zwang und immer im Auge behielt.   Noch dauerte der diplo=
matische Streit um den Erwerb, da warf er schon eine Schaar
seiner besten Beamten in die Wildnis; wieder wurden die
Landschaften in kleine Kreise geteilt, die gesammte Boden=
fläche in kürzester Zeit abgeschätzt und gleichmäßig besteuert,
15 jeder Kreis mit einem Landrat, einem Gericht, mit Post und
Sanitätspolizei versehen.   Neue Kirchengemeinden wurden
wie durch einen Zauber ins Leben gerufen, eine Kompagnie
von 187 Schullehrern wurde in das Land geführt — der
würdige Semler hatte einen Teil derselben ausgesucht und
20 eingeübt, — Haufen von deutschen Handwerkern wurden ge=
worben, vom Maschinenbauer bis zum Ziegelstreicher hinab.
Überall begann ein Graben, Hämmern, Bauen, die Städte
wurden neu mit Menschen besetzt, Straße auf Straße erhob
sich aus den Trümmerhaufen, die Starosteien wurden in
25 Krongüter verwandelt, neue Kolonistendörfer ausgesteckt, neue
Ackerkulturen befohlen.   Im ersten Jahre nach der Besitznahme
wurde der große Kanal gegraben, welcher in einem Lauf von
drei Meilen die Weichsel durch die Netze mit der Oder und Elbe
verbindet; ein Jahr, nachdem der König den Befehl erteilt,
30 sah er selbst beladene Oderkähne von hundertundzwanzig Fuß
Länge nach dem Osten zur Weichsel einfahren.   Durch die

neue Wasseraber wurden weite Strecken Land entsumpft,
sofort durch deutsche Kolonisten besetzt. Unablässig trieb der
König, er lobte und schalt; wie groß der Eifer seiner Beam=
ten war, sie vermochten selten ihm genug zu tun. Daburch
geschah es, daß in wenig Jahrzehnten das wilde slawische 5
Unkraut, welches dort auch über deutschen Ackerfurchen aufge=
schossen war, gebändigt wurde, daß auch die polnischen Land=
striche sich an die Ordnung des neuen Lebens gewöhnten, und
daß Westpreußen in den Kriegen seit 1806 sich fast ebenso
preußisch bewährte, als die alten Provinzen. 10

Während der greise König sorgte und schuf, zog ein Jahr
nach dem andern über sein sinnendes Haupt; stiller ward es
um ihn, leerer und einsamer, kleiner der Kreis von Menschen,
denen er sich öffnete. Die Flöte hatte er bei Seite gelegt,
auch die neue französische Literatur erschien ihm schaal und 15
langweilig, zuweilen war ihm, als ob ein neues Leben unter
ihm in Deutschland ergrüne, es blieb ihm fremd. Uner=
müdlich arbeitete er an seinem Heer, an dem Wohlstand
seines Volkes, immer weniger galten ihm seine Werkzeuge,
immer höher und leidenschaftlicher wurde das Gefühl für die 20
große Pflicht seiner Krone.

Aber wie man sein siebenjähriges Ringen im Kriege
übermenschlich nennen darf, so war auch jetzt in seiner Arbeit
etwas Ungeheures, was den Zeitgenossen zuweilen überirdisch
und zuweilen unmenschlich erschien. Es war groß, aber es 25
war auch furchtbar, daß ihm das Gedeihen des Ganzen in
jedem Augenblick das Höchste war und das Behagen des
Einzelnen so gar nichts. Wenn er den Obersten, dessen
Regiment bei der Revue einen ärgerlichen Fehler gemacht
hatte, vor der Front mit herbem Scheltwort aus dem Dienst 30
jagte; wenn er in dem Sumpfland der Netze mehr die Stiche

der zehntausend Spaten zählte, als die Beschwerden der Ar=
beiter, welche am Sumpffieber in den Lazaretten lagen, die er
ihnen errichtet; wenn er ruhelos mit seinem Fordern auch der
schnellsten Tat voraneilte, so verband sich mit der tiefen
5 Ehrfurcht und Hingebung in seinem Volke auch eine Scheu
wie vor einem, dem nicht irdisches Leben die Glieder bewegt.
Als das Schicksal des Staates erschien er den Preußen, un=
berechenbar, unerbittlich, allwissend, das Größte wie das
Kleine übersehend. Und wenn sie einander erzählten, daß er
10 auch die Natur hatte bezwingen wollen, und daß seine
Orangenbäume doch in den letzten Frösten des Frühlings
erfroren waren, dann freuten sie sich in der Stille, daß es
für ihren König doch eine Schranke gab, aber noch mehr,
daß er sich mit so guter Laune darein gefunden und vor
15 den kalten Tagen des Mai den Hut abgenommen hatte.

Mit rührendem Anteil sammelte das Volk jede Lebens=
äußerung des Königs, in welcher eine menschliche Empfin=
dung, die sein Bild vertraulich machte, zu Tage kam. So
einsam sein Haus und Garten war, unablässig schwebte die
20 Phantasie seiner Preußen um den geweihten Raum. Wem
es einmal glückte, in warmer Mondnacht in die Nähe des
Schlosses zu kommen, der fand vielleicht offene Türen, ohne
Wache, und er konnte in der Schlafstube den großen König
auf seinem Feldbett schlummern sehen. Der Duft der Blü=
25 ten, das Nachtlied der Vögel, das stille Mondlicht waren die
einzigen Wächter und fast der ganze Hofstaat des einsamen
Mannes.

Noch vierzehnmal seit der Erwerbung von Westpreußen
blühten die Orangen von Sanssouci, da wurde die Natur
30 Meisterin auch des großen Königs. Er starb allein, nur von
seinen Dienern umgeben.

Mit ehrgeizigem Sinn war er in der Blüte des Lebens ausgezogen, alle hohen und prächtigen Kränze des Lebens hatte er dem Schicksal abgerungen, der Fürst von Dichtern und Philosophen, der Geschichtschreiber, der Feldherr. Kein Triumph, den er sich erkämpft, hatte ihn befriedigt. Zufällig, 5 unsicher, nichtig war ihm aller Erdenruhm geworden; nur das Pflichtgefühl, das unabläffig wirkende, eiserne, war ihm geblieben. Aus dem gefährlichen Wechsel von warmer Begeisterung und nüchterner Schärfe war seine Seele heraufgewachsen. Mit Willkür hatte er sich poetisch einzelne Men= 10 schen verklärt, die Menge, die ihn umgab, verachtet. Aber in den Kämpfen seines Lebens verlor er den Egoismus, verlor er fast alles, was ihm persönlich lieb war, und er endigte damit, die Einzelnen gering zu achten, während sich ihm das Bedürfnis, für das Ganze zu leben, immer stärker erhob. Mit 15 der feinsten Selbstsucht hatte er das Größte für sich begehrt und selbstlos gab er zuletzt sich selbst für das gemeine Wohl und das Glück der Kleinen. Als ein Idealist war er in das Leben getreten, auch durch die furchtbarsten Erfahrungen wurden ihm seine Ideale nicht zerriffen, sondern veredelt, 20 gehoben, geläutert; viele Menschen hatte er seinem Staat zum Opfer gebracht, niemanden so sehr als sich selbst.

Ungewöhnlich und groß erschien das seinen Zeitgenossen, größer uns, die wir die Spuren seiner Wirksamkeit in dem Charakter unseres Volkes, unserem Staatsleben, unserer Kunst 25 und Literatur bis zur Gegenwart verfolgen.

CONTEMPORARY AND LATER POEMS

1. Bei Eröffnung des Feldzugs 1756

Krieg ist mein Lied! Weil alle Welt
Krieg will, so sei es Krieg!
Berlin sei Sparta! Preußens Held
Gekrönt mit Ruhm und Sieg!

Gern will ich seine Taten tun;   5
Die Leier in die Hand,
Wenn meine blut'gen Waffen ruhn
Und hangen an der Wand.

Auch stimmt' ich hohen Schlachtgesang
Mit seinen Helden an,   10
Bei Pauken= und Trompetenklang,
Im Lärm von Roß und Mann,

Und streit', ein tapf'rer Grenadier,
Von Friedrichs Mut erfüllt!
Was acht' ich es, wenn über mir   15
Kanonendonner brüllt?

Ein Held fall' ich; noch sterbend droht
Mein Säbel in der Hand!
Unsterblich macht der Heldentod,
Der Tod fürs Vaterland.   20

Auch kommt man aus der Welt davon
Geſchwinder wie der Blitz,
Und wer ihn ſtirbt, bekommt zum Lohn
Im Himmel hohen Sitz.

Wenn aber ich als ſolch ein Held   25
Dir, Mars, nicht ſterben ſoll,
Nicht glänzen·ſoll im Sternenzelt,
So leb' ich dem Apoll!

So werb' aus Friedrichs Grenadier,
Dem Schutz, der Ruhm des Staats,   30
So lern' er deutſcher Sprache Zier,
Und werde ſein Horaz!

Dann ſinge Gott und Friederich,
Nichts Kleiners, ſtolzes Lied!
Dem Adler gleich erhebe dich,   35
Der in die Sonne ſieht!

Johann W. L. Gleim.

2. Ode an die Preußiſche Armee

Unüberwundnes Heer! mit dem Tod und Verderben
In Legionen Feinde bringt,
Um das der frohe Sieg die goldnen Flügel ſchwingt,
O Heer, bereit zum Siegen oder Sterben.

Sieh! Feinde, deren Laſt die Hügel faſt verſinken,   5
Den Erdkreis beben macht,
Ziehn gegen dich und drohn mit Qual und ew'ger Nacht;
Das Waſſer fehlt, wo ihre Roſſe trinken.

Der dürre, schiele Neid treibt niederträcht'ge Scharen
Aus West und Süd heraus,   10
Und Nordens Höhlen spein, so wie des Osts, Barbaren
Und Ungeheu'r, dich zu verschlingen, aus.

Verdopple deinen Mut! Der Feinde wilde Fluten
Hemmt Friedrich und dein starker Arm,
Und die Gerechtigkeit verjagt den tollen Schwarm: 15
Sie blitzt durch dich auf ihn, und seine Rücken bluten.

Die Nachwelt wird auf dich als auf ein Muster sehen;
Die künft'gen Helden ehren dich,
Ziehn dich den Römern vor, dem Cäsar Friederich,
Und Böhmens Felsen sind dir ewige Trophäen.   20

Nur schone wie bisher, im Lauf von großen Taten,
Den Landmann, der dein Feind nicht ist!
Hilf seiner Not, wenn du von Not entfernet bist;
Das Rauben überlaß den Feigen und Kroaten!

Ich seh', ich sehe schon — freut euch, o Preußens Freunde! —
Die Tage deines Ruhms sich nahn.   26
In Ungewittern ziehn die Wilden stolz heran;
Doch Friedrich winket dir — wo sind sie nun, die Feinde?

Du eilest ihnen nach und drückst mit schwerem Eisen
Den Tod tief ihren Schädeln ein,   30
Und kehrst voll Ruhm zurück, die Deinen zu erfreun,
Die jauchzend dich empfahn und ihre Retter preisen.

Auch ich, ich werde noch — vergönnt es mir, o Himmel!
Einher vor wenig Helden ziehn.
Ich seh' dich, stolzer Feind, den kleinen Haufen fliehn,   35
Und find' Ehr' oder Tod im rasenden Getümmel.

                             Ewald Christian von Kleist.

3. Friedrich der Große. Ein Hymnus

Als ich ein Knabe noch war,
Und Friedrichs Tatenruf
Über den Erdkreis scholl,
Da weint' ich vor Freuden über die Größe des Mannes,
Und die schimmernde Träne galt für Gesang. 5

Als ich ein Jüngling ward,
Und Friedrichs Tatenruf
Über den Erdkreis immer mächtiger scholl,
Da nahm ich ungestüm die goldne Harfe,
Drein zu stürmen Friedrichs Lob. 10

Doch herunter vom Sonnenberge
Hört' ich seiner Barden Gesang;
Hörte Kleist, der für Friedrich
Mit der Harf' ins Blut stürzte;
Hörte Gleim den Kühnen, 15
Der des Liedes Feuerpfeil
Wie die Grenade schwingt;
Hörte Ramlern, der mit Flaccus' Geist
Deutschen Biedersinn einigt;
Auch hört' ich Willamov, der Friedrichs Namen 20
Im Dithyrambensturm wirbelt;
Dich hört' ich auch, o Karschin, deren Gesang
Wie Honig von den Lippen der Natur
Träuft; da verstummt' ich,
Und mein Verstummen galt für Gesang. 25

Aber soll ich immer verstummen?
Soll der Bewundrung und der Liebe Wogendrang

Den Busen mir sprengen? Nein, ich wag's,
Ergreife die Harf' und singe Friedrichs Lob.

Von meines Berges Donnerhöhe   30
Ström' auf gesteintem Rücken hinunter,
Du meines Hymnus Feuerstrom,
Es stäub' und donnr' im Tale
Meines Hymnus Feuer,
Daß es hören die Völker umher!   35

Auf schwerer Prüfungen Nachtpfad
Führte die Vorsicht den Helden,
Eh' er drang in der Größe Heiligtum.
Sah er nicht träufen das Schwert
Von Katt, seines Freundes, Blute?   40
Sah er nicht blinken das Schwert
Auf seinem eignen Nacken?
Mutig und furchtlos blieb er: denn Furcht
Kannt' er schon als Jüngling nicht....
....

Christian F. D. Schubart.

4. Fridericus Rex

Fridericus Rex, unser König und Herr,
Der rief seine Soldaten allesamt ins Gewehr,
Zweihundert Bataillons und an die tausend Schwadronen,
Und jeder Grenadier kriegt' sechzig Patronen.

„Ihr verfluchten Kerls," sprach Seine Majestät,   5
„Daß jeder in der Bataille seinen Mann mir steht!
„Sie gönnen mir nicht Schlesien und die Grafschaft Glatz
„Und die hundert Millionen in meinem Schatz.

„Die Kaiſrin hat ſich mit den Franzoſen alliiert
„Und das Römiſche Reich gegen mich revoltiert,   10
„Die Ruſſen ſeind gefallen in Preußen ein,
„Auf! Laßt uns zeigen, daß wir brave Landeskinder ſein!

„Meine Generale Schwerin und Feldmarſchall von Keith
„Und der Generalmajor von Zieten ſeind allemal bereit.
„Kotz Mohren, Blitz und Kreuz-Element,   15
„Wer den Fritz und ſeine Soldaten noch nicht kennt!"

Nun adjö, Lowiſe, wiſch ab das Geſicht!
Eine jede Kugel die trifft ja nicht;
Denn träfe jede Kugel apart ihren Mann,
Wo kriegten die Könige ihre Soldaten dann?   20

Die Musketenkugel macht ein kleines Loch,
Die Kanonenkugel ein weit größeres noch;
Die Kugeln ſind alle von Eiſen und Blei,
Und manche Kugel geht manchem vorbei.

Unſre Artillerie hat ein vortrefflich Kaliber,   25
Und von den Preußen geht keiner zum Feinde nicht über.
Die Schweden, die haben verflucht ſchlechtes Geld;
Wer weiß, ob der Öſtreicher beſſeres hält?

Mit Pomade bezahlt den Franzoſen ſein König,
Wir kriegen's alle Woche bei Heller und Pfennig.   30
Kotz Mohren, Blitz und Kreuz-Sapperment,
Wer kriegt ſo prompt wie der Preuße ſein Traktament?

Fridericus, mein König, den der Lorbeerkranz ziert,
Ach hätteſt du nur öfters zu plündern permittiert!
Fridericus Rex, mein König und Held,   35
Wir ſchlügen den Teufel für dich aus der Welt!

Wilibald Alexis.

5—2

5. Der alte Zieten

Joachim Hans von Zieten,
Husaren-General,
Dem Feind die Stirne bieten
Tät' er die hundertmal.
Sie haben's all' erfahren,   5
Wie er die Pelze wusch
Mit seinen Leibhusaren,
Der Zieten aus dem Busch.

Hei, wie den Feind sie bleuten
Bei Lowositz und Prag,   10
Bei Liegnitz und bei Leuthen
Und weiter, Schlag auf Schlag!
Bei Torgau, Tag der Ehre,
Ritt selbst der Fritz nach Haus;
Doch Zieten sprach: „Ich kehre   15
„Erst noch mein Schlachtfeld aus."

Sie stritten nie alleine,
Der Zieten und der Fritz;
Der Donner war der eine,
Der andre war der Blitz.   20
Es wies sich keiner träge,
Drum schlug's auch immer ein;
Ob warm' ob kalte Schläge:
Sie pflegten gut zu sein.

Der Friede war geschlossen: 25
Doch Krieges Lust und Qual,
Die alten Schlachtgenossen
Durchlebten's noch einmal.

Wie Marschall Daun gezaubert,
Und Fritz und Zieten nie, 30
Es ward jetzt durchgeplaudert
Bei Tisch in Sanssouci.

Einst mocht' es ihm nicht schmecken,
Und sieh, der Zieten schlief.
Ein Höfling will ihn wecken, 35
Der König aber rief:
„Laßt schlafen mir den Alten!
„Er hat in mancher Nacht
„Für uns sich wach gehalten,
„Der hat genug gewacht!" 40

Und als die Zeit erfüllet
Des alten Helden war,
Lag einst, schlicht eingehüllet,
Hans Zieten, der Husar.
Wie selber er genommen 45
Die Feinde stets im Husch,
So war der Tod gekommen,
Wie Zieten aus dem Busch.

Theodor Fontane.

6. Sanssouci

Dies ist der Königspark. Rings Bäume, Blumen, Vasen!
Sieh, wie ins Muschelhorn die Steintritonen blasen!
Die Nymphe spiegelt klar sich in des Beckens Schoß;
Sieh hier der Flora Bild in hoher Rosen Mitten,
Die Laubengänge sieh, so regelrecht geschnitten, 5
Als wären's Verse Boileaus.!

Vorbei am luft'gen Haus voll fremder Vögelstimmen
Laß uns den Hang empor zu den Terrassen klimmen,
Die der Orange Wuchs umkränzt mit falbem Grün!
Dort oben ragt, wo frisch sich Tann' und Buche mischen,   10
Das schmucklos heitre Schloß mit breiten Fensternischen,
Darin des Abends Feuer glühn.

Dort lehnt ein Mann im Stuhl: sein Haupt ist vorgesunken,
Sein blaues Auge sinnt, und oft in hellen Funken
Entzündet sich's; so sprüht aus dunkler Luft ein Blitz.   15
Ein dreigespitzter Hut bedeckt der Schläfe Weichen,
Sein Krückstock irrt im Sand und schreibt verworrne Zeichen —
Nicht irrst du: das ist König Fritz.

Er sitzt und sinnt und schreibt. Kannst du sein Brüten deuten?
Denkt er an Kunnersdorf, an Roßbach oder Leuthen,   20
An Hochkirchs Nacht, durchglüht von Flammen hundertfach?
Wie dort im roten Qualm gegrollt die Feldkanonen,
Indes die Reiterei mit rasselnden Schwadronen
Der Grenadiere Viereck brach.

Schwebt ein Gesetz ihm vor, mit dem er weis' und milde   25
Sein schlachterstarktes Volk zu schöner Menschheit bilde,
Ein Friedensgruß, wo jüngst die Kriegespauke scholl?
Ersinnt er einen Reim, der seinen Sieg verkläre,
Oder ein Epigramm, mit dem bei Tisch Voltaire,
Der Schalk, gezüchtigt werden soll?   30

Vielleicht auch treten ihm die Bilder nah, die alten,
Da er im Mondenlicht in seines Schlafrocks Falten
Die sanfte Flöt' ergriff, des Vaters Ärgernis;
Des treuen Freundes Geist will er heraufbeschwören,
Dem — ach um ihn! — das Blei aus sieben Feuerröhren   35
Die kühne Jünglingsbrust zerriß.

Träumt in die Zukunft er? Zeigt ihm den immer vollern,
Den immer kühnern Flug des Aars von Hohenzollern,
Der schon den Doppelaar gebändigt, ein Gesicht?
Gedenkt er, wie dereinst ganz Deutschland hoffend lausche 40
Und bangend, wenn daher sein schwarzer Fittich rausche? —
O nein, das alles ist es nicht.

Er murrt: „O Schmerz, als Held gesandt sein einem Volke,
„Dem nie der Muse Bild erschien auf goldner Wolke!
„August sein auf dem Thron, wenn kein Horaz ihm singt! 45
„Was hilft's, vom fremden Schwan die weißen Federn borgen!
„Und doch, was bleibt uns sonst? — Erschein, erschein, o Morgen,
„Der uns den Götterliebling bringt!"

Er spricht's und ahnet nicht, daß jene Morgenröte
Den Horizont schon küßt, daß schon der junge Goethe 50
Mit seiner Rechten fast den vollen Kranz berührt,
Er, der das scheue Kind, noch rot von süßem Schrecken,
Die deutsche Poesie aus welschen Tarushecken
Zum freien Dichterwalde führt.

Emanuel Geibel.

7. Geharnischte Sonette

I

Der alte Fritz saß drunten in den Nächten
Auf einem Thron, aus Tatenglanz gewoben,
Und dachte, weil den Busen Seufzer hoben,
An sein einst freies Volk, das ward zu Knechten.

Da kam, so lange von des Schicksals Mächten 5
Im irb'schen Stand des Lebens aufgehoben,
Sein alter Bruder kam jetzt her von droben;
Den sah er und hob an: „Will's noch nicht fechten?"

Der aber sprach: „Ich komme vom Geschicke
„Zu dir gesandt als Bote, daß erschienen　　　　10
„Jetzt ist die Stunde, wo es bricht die Stricke."

Da sprang der alte König auf mit Mienen,
Als ob er selbst zu neuem Kampf sich schicke
Und sprach: „Jetzt will ich wieder sein mit ihnen."

Friedrich Rückert.

II

Es steigt ein Geist, umhüllt von blankem Stahle,
Des Friedrichs Geist, der in der Jahre sieben
Einst tat die Wunder, die er selbst beschrieben,
Er steigt empor aus seines Grabes Male

Und spricht: „Es schwankt in dunkler Hand die Schale,　　5
„Die Reiche wägt, und meins ward schnell zerrieben.
„Seit ich entschlief, war niemand wach geblieben;
„Und Roßbachs Ruhm ging unter in der Saale.

„Wer weckt mich heut' und will mir Rach' erstreiten?
„Ich sehe Helden, daß mich's will gemahnen,　　　　10
„Als säh' ich meine alten Zieten reiten.

„Auf, meine Preußen, unter ihre Fahnen!
„In Wetternacht will ich voran euch schreiten,
„Und ihr sollt größer sein als eure Ahnen."

Friedrich Rückert.

NOTES

1. The Thirty Years' War, 1618–1648.

2. fich...heraufrang, 'was struggling upwards,' 'fought its way upwards.'

4. Habsburger: the family of Habsburg derived its name from the castle Habsburg (short for Habichtsburg, 'Hawk's Castle') in the canton of Aargau in Switzerland, and became powerful through Count Rudolf von Habsburg, who was elected Emperor of Germany in 1273; the last male of the Habsburg dynasty was Charles VI, who died in 1740; his daughter Maria Theresa, who reigned from 1740–1780, was married to Francis of Lorraine (German Emperor 1745–1765), from whom the house of Austria (wrongly called Habsburg) is descended.—Bourbonen: the Bourbon dynasty, so called from the possession of the seignory of Bourbon in the province of Bourbonnais, now the department of Allier, ascended the French throne in 1589 (Henry IV –1610, Louis XIII –1643, Louis XIV –1715, Louis XV –1774, Louis XVI –1792; Louis XVIII 1814–1824, Charles X –1830).

5. Hohenzollern. The family derived its name from the steep hill (der Zollern) in the Swabian Jura (Schwäbische Alp) on which their ancestral castle was situated. Hence they were called die Ritter vom hohen Zollern. A similar formation is die Hohenstaufen, i.e. die Ritter vom hohen Staufen, a famous Swabian family of medieval princes and Emperors of the Holy Roman Empire whose ancestral castle once stood on another steep hill on the opposite end of the long range of the Schwäbische Alp. The Hohenzollern are first mentioned in history about 1050. Count Frederick III became in 1191 Burggraf von Nürnberg, and his descendants (the Franconian line of the family) left Swabia and sought their fortunes in the middle and in the north of Germany. The Swabian branch remained near their ancestral home. In 1415 the energetic Frederick VI, who had been administrator of the Mark Brandenburg and had successfully put down the robber-knights of that much harassed district, was made by the Emperor Sigismund the first Elector of Brandenburg and called himself as such Frederick I. In 1526 the Grand Master of the Teutonic Order in Prussia, Albrecht von Hohenzollern, who had adopted Lutheranism, put an end to the political life of the knightly order by converting its lands into a secular Duchy, ruled by himself. This was the Duchy of Prussia (afterwards called East Prussia) which, a century later—in

1618—was united with the Electorate of Brandenburg. In 1701 Prussia became a kingdom, and in 1871 the King of Prussia, Wilhelm I, was proclaimed German Emperor. In 1918 Prussia ceased to be a kingdom and the Hohenzollern Emperor was discarded.

6. Hufe, originally a 'hide of land,' then a small 'freehold.'

7. Galeonen, 'galleons.' A Galeone originally signified an armed ship of transport.

8. Barren, 'bars of metal,' 'ingots.'

9. verwüstet: in the Thirty Years' War the Marches of Brandenburg had been devastated by the armies both of Protestants and Catholics.

12. Nutzvieh, lit. 'beasts of use,' 'cattle.'—Ur- in compounds = 'original,' 'primitive.'—Friedrich Wilhelm, the Great Elector, reigned from 1640–1688. "He found Brandenburg annihilated, and he left Brandenburg sound and flourishing; a great country, or already on the way towards greatness. Undoubtedly a most rapid, clear-eyed, active man. There was a stroke in him swift as lightning, well-aimed mostly, and of a respectable weight withal; which shattered asunder a whole world of impediments for him." Carlyle, III. 18.

13. Kurhut, the scarlet and ermine hat worn by an Elector (Kurfürst) of the Holy Roman Empire. The first part of the word is die Kur = die Kurwürde. It is connected with the verb kiesen, a cognate of the E. *choose*. From die Kur, 'the choice,' 'the election,' is derived the verb küren, 'to choose,' 'to elect,' now obsolete or poetic. Unter den Kurhut treten means 'to become an Elector.'

15. Stammland (Stamm = *stem*, 'race'), 'inherited dominions.'

19. etwas höher fassen, 'to show a more lofty conception of something.' One would commonly say auffassen in this sense.

PAGE 2

2. Frederick the Great states at the beginning of his work, *Histoire de mon temps*, as follows: "*A la mort de Frédéric Guillaume, Roi de Prusse* (1740), *les revenus de l'État ne montaient qu'à sept millions quatre cent mille écus. La population dans toutes les provinces pouvait aller à trois millions d'âmes.*" In the edition of 1788 it is observed, "*C'est un nombre rond que le Roi met ici; la véritable population n'alla en* 1740 *qu'à* 2,240,000 *personnes.*"

5. das Kaiserhaus is the imperial dynasty of Habsburg.—seither (with stress on her) = seitdem, 'ever since.'

6. Wesen (old infin. of verb 'to be,' cp. gewesen), 'being'; 'essence'; 'characteristic qualities'; 'ways' in which these are shown (cp. 6, 8).

12 sq. Note the subj. in the dependent clause in indirect speech.

14. unbefangen, 'unprejudiced.' In einem Vorurteil befangen sein is 'to be wrapped up in, i.e. to be influenced by a prejudice.'

17. in die Höhe schnellen: in die Höhe = auf, empor; schnellen, tr. and intr., of any quick motion with elastic impulse, 'to fly,' 'spring up.'

18. Colloquial for als anderswo, or als irgendwo anders.

19. dort, i.e. in Preußen.

24. der Slawengrund, 'Slavonic territory.' The Marches (die Mark Brandenburg) had originally been inhabited by Slavonic tribes. Preußen itself, or Prussia proper, to the east of the river Oder and stretching towards and beyond the Vistula (Weichsel), was originally inhabited by the heathen Prussians, who were conquered and forcibly converted to Christianity by the Teutonic Order; see the note to 1, 5 and Carlyle, II. 6.

25. dies Neue, 'this new phase of things,' 'this innovation.'

27. umschließen: more commonly einschließen.

29. schneidend, 'sharp,' 'strongly marked.'

PAGE 3

3. sein mag, 'is perhaps,' or 'probably.'—nicht ohne Schaden is an instance of the figure called *litotes*, i.e. two negatives enforcing an affirmative thought. Here, e.g., nicht ohne Schaden means as much as nur mit großem Schaden.

4. Grenzland, 'border district' (comp. l. 27). The ancient inheritance of the house of Hohenzollern, being the Electorate of Brandenburg and, to the east of it, the Duchy of Prussia, bordered upon the Swedish and Polish possessions; the Rhenish possessions lay close to the French and Dutch. The Swedes still held territory to the south of the Baltic.

7. Observe the alliterative character of the phrase Wohl und Wehe; compare our 'weal and woe.'—Verwicklung, lit. 'complication,' is frequently used in the sense of political 'tangle.'

10. Comp. the statement 1, 15.

13. waffentüchtiges, 'strong in arms,' 'warlike.'—Regiment (stress on -ment) is often used of 'rule,' 'government.'

15. The second war which Louis XIV carried on against the Netherlands lasted from 1672–1678, and ended in the treaty of Nimeguen. The Great Elector Friedrich Wilhelm fought there on Kaiser Leopold's side, after the year 1674, when the German Empire joined in the war against Louis. See Carlyle, III. 18.

20. Stammcharakter, 'racial character,' cp. 1, 15; 4, 4.

24. It would be more usual to say wenig Gelehrte.

26. bämpfen, lit. 'to cause to smoke,' hence 'to choke (the fire)'; hence (ab)bämpfen, fig., 'to subdue,' 'tone down.'

27. ſiſen is often used in historical writings in the sense of woħnen, though with a sense of perpetuity = anſäſſig ſein, 'to be settled.'—nieber‧ſächſiſchem, 'Low Saxon,' 'Low German,' i.e. German west of the Elbe.

29. fnorrig is originally used of trees, 'knotty,' 'gnarled,' here 'sturdy.' The metaphorical use of this word may be easily understood.

PAGE 4

1. The Berliners still have a reputation for sarcasm and caustic wit. King Frederick was a native of Berlin. Cp. 16, 17–19.

5. ſchaffen as a strong verb = 'to create,' 'be productively active' (cp. 59, 11); weak = 'to busy oneself,' 'be occupied'; 'to procure' (8, 29).

6. Charles the Great, commonly called Charlemagne, reigned from 768–814.

12. The dynasty of the Wasa was founded by Gustavus Wasa, who liberated Sweden from the Danes (1521). His grandson was Gustavus Adolphus, the hero of the Thirty Years' War. When Christina, the only daughter and heiress of the great king, abdicated in 1654, her crown passed to her cousin Karl Gustav of Zweibrücken, of the house of Wittelsbach, "a great and mighty man, lion of the North in his time" (Carlyle), the grandfather of Charles XII. There is also a Roman Catholic branch of the ancient house of Wittelsbach, viz. the family who up to 1918 were the kings of Bavaria, and had ruled over the country ever since 1180.

14. Gutśħerrn, 'lords of the manor,' 'landed proprietors.'

15. werben, 'to recruit' (of soldiers), here 'to draw into one's service.'

19. geſcheit, 'clever,' belongs to ſcheiben, 'to separate,' and its original meaning is 'separating in one's mind,' 'penetrating with one's intellect.' The form geſcheut instead of geſcheit is due to a mistaken derivation and should be avoided.

22. ber beutſche Krieg denotes here the Thirty Years' War, but the term is now usually applied to the war of 1866 between Prussia and Austria, each of whom was supported by a number of other German states.—The four monarchs alluded to are the following:

1. Friedrich Wilhelm, the Great Elector, 1640–1688.
2. Friedrich I, the first King, 1688–1713.
3. Friedrich Wilhelm I, 1713–1740.
4. Friedrich II, ber Groſe, 1740–1786.

23. Sansſouci (French for Sorgenfrei), a palace near Potsdam, built by Frederick the Great between 1745–1747. The King was often called Der

Philoſoph von Sansſouci. In 1760 appeared anonymously at Berlin *Œuvres du Philosophe de Sans-Souci.* Queen Elizabeth, Frederick's wife, never visited it. See 17, 29. See Geibel's poem on pp. 69–71.

PAGE 5

1. Friedrich Wilhelm I had married Sophia Dorothea of Hanover (daughter to George I, subsequently King of England) on Nov. 28, 1706; Friedrich (born Jan. 24, 1712) was their fourth child ; but two had died before him, and only one girl, Wilhelmina, afterwards Margravine of Baireuth, had survived. Comp. l. 27. She wrote the spirited but malicious *Mémoires de la Margravine de Baireuth* in which she drew a most uncomplimentary picture of the life she and her brother were forced to lead at the court of Berlin.

2. Sonnenſchein is used metaphorically to denote cheerfulness.

6. das Naturell (stress on *ell*), ' natural character,' ' temper.'

7. Reibung, 'quarrel,' 'disagreement.'

14. keine bedeutende Frau, 'not a woman of strong character or of great power.' Carlyle seems to think better of her.

16. Neigung zur Intrigue. This is well brought out in K. Gutzkow's excellent historical comedy *Zopf und Schwert* (edited by H. J. Wolstenholme for the Pitt Press Series), the central figure of which is her husband Frederick William I. Their son, the Crown Prince Frederick, does not appear personally in the play, but Princess Wilhelmina is one of the principal characters.

20. das Aufſehen, 'the development,' not a common word.—die Kinderſeele means the same as die kindliche Seele or die Seele des Kindes.

23. unhold, 'unamiable,' 'unkind.'

25. The instructions written down by the King himself concerning Frederick's education and studies have been partly translated and discussed by Carlyle, IV. 3.

PAGE 6

1. herausgekommen, usually hinausgekommen.

3. brachten...bei, 'imparted,' 'instilled into.'

4. ſich gehen laſſen is an idiomatic phrase denoting 'to be careless, negligent,' or 'to take things easily,' 'to follow one's inclinations.'

7. Frederick's Gouvernante was Madame de Roucoulles, whose history and character have been detailed by Carlyle, IV. 1.

8. fremde Weſen, 'foreign ways,' 'foreign atmosphere.' See 2, 6.

10. Appartements: the French word is perhaps here meant to convey a sarcastic hint at the queen's affectation of elegance and style, but the word was at that time frequently used instead of Zimmer or Gemach.

13. Prinzeß, from the French *princesse.* Now, with addition of the German feminine ending -in: Prinzeſſin.

14. bedeutſam, 'significantly.' Here is Wilhelmina's own narrative as given by Carlyle, VI. 2:—"My brother and I had all the mind in the world to laugh; we tried hard to keep from laughing, but often we burst out. Thereupon reprimand, with all the anathemas of the Church hurled out on us; which we had to take with a contrite penitent air, a thing not easy to bring your face to at the moment."

16. kindiſch, 'childish'; but kindlich, 'childlike,' also 'filial.'

19. "The Boy does not take to hunting at all; likes verses, story-books, flute-playing better; seems to be of effeminate tendencies, an effeminirter Kerl; affects French modes, combs-out his hair, like a cockatoo, the foolish French fop, instead of conforming to the Army-regulation, which prescribes close-cropping and a club." Carlyle, IV. 11.—malpropre is the French term (used by the King himself) instead of unrein, unſauber.

28. innerlichſt = in ſeinem tiefſten Innern.—widerſtand (with the stress on the last syllable) is used in the sense of widerſtrebte or zuwider war, 'was repugnant,' a term used of food which goes against the stomach.

PAGE 7

1. dem Sohn, an unusual ethical dative instead of in dem Sohn.

2. als Trotz, 'in the form of defiance.'

4. zutragen is used of *carrying* tales (cp. a talebearer, ein Zuträger).—Gemüt is 'mind' on the side of the feelings and sentiments, Geiſt is 'mind' as intelligence chiefly, but often including taste and feeling: von der feinſten geiſtigen Begehrlichkeit, 'of the most refined intellectual cravings.'

10. Friedrich Wilhelm's visit to Dresden, where the Prussian King was splendidly entertained by the Elector of Saxony and King of Poland, Auguſt der Starke, took place in January and February 1728, when the Crown Prince was sixteen years old. See Carlyle, VI. 3, who observes that Frederick's life "for the next four or five years" after the Dresden visit "was extremely dissolute."

11. es zu treiben, 'to conduct himself,' 'to carry on.'

17. ſteigend, 'mounting up,' 'increasing.'

18. ihn...ratlos umherwarf, 'tossed him about perplexedly.'

20. ſtille Anſprüche, 'silent claims,' 'secret claims.'

22. Frederick's attempt at flight occurred in August 1730 (Carlyle, VII. 6), during a tour in the South of Germany. The prince was henceforth considered a prisoner and placed before a court-martial as being a military officer who had intended to desert, but the court refused to pass sentence of death. Frederick's friend and abettor in this scheme, Lieu-

tenant von Katte, was executed under Frederick's window in the fortress of Küstrin. Carlyle, VII. 9. See 66, 39 and 70, 34.

25. Rüftrin (with the stress on the last syllable) is a strong fortress on the junction of the Warthe and Oder.—Ruppin (stress on ·in), "a quiet dull little town in that north-western region" (Carlyle, IX. 2), was Frederick's place of residence from the spring of 1732 till August 1736.

26. Lehrjahre, 'years of apprenticeship'—a term rendered famous through Goethe's great novel of *Wilhelm Meisters Lehrjahre*.

PAGE 8

2. herzfreſſende, 'heart-consuming,' say 'heart-rending.'

3. doch is accented, 'after all.' In this way doch is used to meet a possible objection. See 40, 18.

5. Argwohn, 'suspicion'; the older form of the word was Argwahn (M.H.G. *arcwân*), the second part being the noun der Wahn, 'thought,' 'idea,' connected with wähnen and E. *to ween*.

9. Grumbkow. Field-Marshal General von Grumbkow was the King's trusted counsellor. He was a clever man of the world, but mercenary, faithless and dissolute. He plays a ridiculous part in Gutzkow's *Zopf und Schwert*.

12 sq. "In all outward particulars the Crown-Prince conforms; in the inward, he exercises a judgment, and if he cannot conform, is at least careful to *hide*." Carlyle, IX. 2.

19. Wirtſchaftlichkeit, 'economy,' 'parsimony.' See 9, 5.

26. (Frederick) "is very industrious...to get *tall recruits*, as a dainty to Papa. Knows that nothing in nature is so sure of conciliating that strange old gentleman." Carlyle, IX. 2.

31. ein Plus, i.e. an increase of the profits hitherto attained.—an die Hand geben is an idiomatic phrase meaning 'to suggest' a thing.

PAGE 9

1. die Rieſen, often called die langen Kerle, are the gigantic soldiers of King Friedrich Wilhelm; see 8, 26.

5. wunderlich and verwunderlich are always used in an unfavourable, or at least ironical sense: 'strange,' 'curious,' 'queer,' and especially of persons whose manner and mind create *wonder* (but not admiration); wunderbar = wie ein Wunder erſcheinend, 'miraculous,' 'marvellous.'

8. bis in das Einzelne, 'down to the smallest details.'

9. eingreifen in eine Sache, lit. 'to put (one's) hand or finger) in *or* into something,' i.e. 'to meddle (interfere) with a thing.' See 42, 31.

14. ge=läuf=ig (from laufen), properly 'current'; hence eine Sache ist mir geläufig, 'a matter is familiar to me,' or 'I am quite familiar with it.'

16. das kleine Leben means 'the life of the lower ranks.' Cp. der kleine Mann, 32, 17. We talk about 'a small man,' 'small folk.'

18. Hauswirt is here 'manager,' 'administrator.' This indicates both the strength and the weakness of the King's rule who governed his state and his people like the absolute master of a private household, securing efficiency but stifling all personal freedom and initiative.

21. dadurch (stress on da=), 'through this (knowledge).'

23. das Detail = die Einzelheiten, 10, 1. The word should be pronounced in the German (not in the French) manner.

24. In this phrase the simple verb heben might well have been employed. Thus one says der Wohlstand dieses Landes hat sich sehr gehoben, 'the prosperity of this country has greatly increased.'

27. Akzise, 'excise,' a duty charged on home goods during manufacture or before sale to home consumers. The word was borrowed from the French *accise*, its German equivalent is Verbrauchssteuer. See 46, 23.

30. Assessor, 'assistant judge.'—am grünen Tisch, 'at the government table,' so called because the official tables were covered with green baize.' Cp. our 'red tape.'

PAGE 10

1. Observe the difference between geschäftlich, 'appertaining to business,' and geschäftig, 'busy.'

6. verwinden is idiomatically used of 'getting over' something unpleasant. A synonymous term is verschmerzen. Cp. l. 14 den Schmerz überwinden.

10. Sie soll...sein, 'Let her be.' See Carlyle's account, IX. 1, where several authentic letters are inserted to show Frederick's great aversion to this match.

11. einfältig, 'stupid.'

17. In a less concise style sondern would be added before auch.

19. Elisabeth von Bevern. The Princess Elizabeth Christina of Brunswick-Bevern was a niece of the Empress and the match had been made by the Austrian diplomats. Frederick married her on June 12, 1733.

20. "The young wife had an honest guileless heart, considerable sense.—With the gay temper of eighteen, and her native loyalty of mind, she seems to have shaped herself successfully to the Prince's taste, and growing yearly gracefuller and better-looking was an ornament and pleasant addition to his Ruppin existence." Carlyle, IX. 7.

23. wäre sie, etc. is a shortened conditional clause instead of wenn sie auch (even if) ein Engel gewesen wäre.

27. wohl, if unaccented, expresses conjecture (we may here translate it by 'pretty generally'); but see 31, 1.

29. Rheinsberg, an old castle in Frederick's Amt Ruppin, was purchased by the King in autumn, 1733. Frederick made many improvements so as to render it "a really handsome princely kind of residence." Carlyle. At Rheinsberg Frederick resided from autumn, 1736, until his accession to the throne, in 1740. "Friedrich's happiest time was this at Rheinsberg....His wife too appears to have been happy. She had the charm of youth, of good looks; a wholesome perfect loyalty of character withal.... This poor Crown-Princess, afterward Queen, has been heard, in her old age, reverting, in a touching transient way, to the glad days she had at Rheinsberg." Carlyle, x. 1. See also the note to Remusberg 22, 19.

4. auf die Dauer, 'permanently.'—aufgeweckt, 'bright, quick-witted'; cp. our 'wide awake.'

15. "We can observe these meetings, within two or three years" after the death of Friedrich Wilhelm I, "have become much rarer, and perhaps about the end of the third or fourth year, they altogether cease and pass merely into the formal character." Carlyle, XI. 1.

16. etwa, 'possibly,' may here be translated by a verbal phrase, e.g. 'which *she might* have acquired.'

17. im Ersten schlesischen Kriege. The first struggle for Silesia in which this province was conquered by Frederick took place in 1740-1742. The Second Silesian war in which the Austrian attempt to regain the lost province was defeated followed immediately on the first, from 1744-1745.

19. sparsam is used in the sense of spärlich, 'sparingly,' or selten, 'rare.' It generally means 'frugal.'

20 sq. Compare the account given by Carlyle, XXI. 8, of the King's visits to the Queen's apartments, when "he usually said not a word to her. He merely, on entering, on sitting down at table and leaving it, made the customary bows and sat opposite to her." She survived Frederick and was holding a soirée at her country-seat of Schönhausen the very evening of her husband's death.

25. See note on 5, 1. Wilhelmina died in October 1758 (Carlyle, XVIII. 14) on the eve of the battle of Hochkirch (October 14th), a night-attack of the Austrians in which the King was defeated.

31. Sophia Dorothea died on June 28, 1757. Frederick never spoke to her but with his hat in his hand.

4. Fronbe madjen is an imitation of the French *fronder*. "*Fronde* est le nom du parti qui prit les armes contre la cour, sous la minorité de Louis XIV. *Fronder* signifie, parler contre le gouvernement, ou, en général, montrer une humeur morose, chagrine, désapprouver, blâmer tout." *Dictionnaire de l'Académie.*

5. Madame de Camas, whom Frederick used to style *Ma bonne Maman*, the widow of a German-French officer, the Queen's Oberhof-meifterin, died at the age of eighty, Nov. 18, 1765.

6. wurbe...laut (8), 'expressed itself.'

12. Verhängnis, 'misfortune,' say 'fatal.'

25. Zwang, 'constraint.' Say 'The expression of emotion easily took for him the form of conventional French verses.'

29. The *Encyclopédie*, a vast undertaking originally designed by Diderot, comprises a series of articles on all branches of human knowledge in alphabetical order. It consisted of 22 volumes in folio. The principal contributors to it were Diderot, D'Alembert, Condillac, Helvétius, d'Holbach, and Voltaire.—Chriftian Wolf (or Wolff) was born at Breslau in 1679, became professor of philosophy at the newly founded university of Halle in 1707, was deprived of his professorship by Frederick William I in 1723, whereupon he went to Marburg, but was recalled by Frederick the Great immediately on his accession to the throne in 1740, and died at Halle in 1754. This great advocate of rationalism was the most influential philosopher in Germany between Leibnitz and Kant. Frederick had tried to read Wolff's chief work in German, but found it too abstruse; he studied a French translation made for him by Suhm.

3. A few hours before his death, Friedrich Wilhelm I abdicated in favour of his son. The day was May 31, 1740. Carlyle, x. 8.

8. The agent was Seckendorf; see his *Journal*, 2nd Jan. 1738.

15. Many superfluous posts and court charges had been abolished by Friedrich Wilhelm I. It was thought likely that Frederick would revive the shallow magnificence and splendour of his grandfather Frederick I.

23. blies er fein Abagio auf der Flöte. Frederick was a very skilled flute-player and played on his favourite instrument regularly during a great part of his life. On a famous picture by Adolf von Menzel in the Berlin National Gallery called 'Concert at the Court of Frederick the Great,' in which the King is the central figure, he is seen playing the flute surrounded by musicians and courtiers. A reproduction of it

may be seen in Max Hein's popular and richly illustrated book *Friedrich der Große*, Bielefeld und Leipzig, no year, p. 53, and also in the American publication *The German Classics of the nineteenth and twentieth centuries*, Vol. XII. p. 180. An older illustration by Menzel is given on p. 275 of the *Geschichte Friedrichs des Großen* by Franz Kugler, illustrated by Adolf Menzel, Berlin, 1840.

PAGE 14

1. gleidmäßige Huld, ' unvarying graciousness.'

7. Erben is the obsolete (genitive and) dative case which survives in the old popular phrase auf Erben, and is also used in high style and in poetry. The ordinary modern prose is auf der Erbe.

9. fid...fid are datives.

13. An excellent essay on Frederick's poetry—so greatly undervalued in Macaulay's bantering *Essay on Frederick the Great*—may be found in the third volume of Moritz Haupt's *Opuscula*.

19. feiner Lieben, ' of those dear to him,' i.e. ' his favourites ' (see also l. 31). It often denotes ' one's dearest and nearest,' ' one's family.'

20. frei is the adverb, 'of his own free will.'

21. etwas Spiel dabei, 'some acting *or* make-believe at the bottom of it.'

25. empfindlid is here employed in a passive sense, ' painfully felt,' ' painful,' e.g. ein empfindlider Verluft, 'a heavy (painful) loss '; but in the phrase ein empfindlider Menfd the adj. is active: ' a sensitive man.'

PAGE 15

8. Goethe's first novel, *Werthers Leiden* (properly *Die Leiden des jungen Werthers*), appeared in 1774; its high-strung tone of morbid sentimentality produced an immense impression not only in Germany but all over Europe, and called forth numerous imitations.

15. Tempel, in the park of Sanssouci.—wallfahrtete, 'made pilgrimages.'

17. liebefpinnend is a word probably coined by Freytag. He means to designate poetry as 'weaving threads *or* spells of love.'

19. frug. Freytag and a number of North and Middle German writers are fond of using the strong form frug. The verb was originally weak, and the past participle (gefragt) has never been formed on the pattern of the strong verbs. frug was formed in fairly recent times by form-association with trug and fdlug, but it is better to use the weak form fragte (like fagte, wagte) which is used by most German writers. See 50, 17.

22. verflärender Schimmer, 'glorifying' or 'transfiguring halo.'

27. im günftigften Falle, ' at the best.'

30. fider und gleichberechtigt, ' with self-possession and on an equal footing.'

2 sq. balb...balb, 'now...now.'—unfrei im höfifchen Banne, 'embarrassed by the spell or constraint laid upon them as courtiers in the presence of royalty.'—Majeftät is not here a mere periphrase for 'the King'; it indicates the 'sovereign dignity' with which his office invests him.

6. rüdhaltslos, lit. 'without holding anything back,' 'unreservedly.'

12. mochte, 'might well.'

16. wilb is here 'irregular, unruly.'

18. bie Blöße, properly 'an uncovered place,' hence 'a weak point'; fich (dat.) eine Blöße geben, 'to lay oneself open to an attack.'

27. improvifieren is a foreign term tolerably familiar in German, instead of which there is the native phrase etwas aus bem Stegreif fagen, 'to say on the spur of the moment.' Stegreif is the English 'stirrup.'— malt ins Groteste, 'makes a grotesque picture.'

29. ber Betroffene, 'the victim.' Cp. the phrase von einem Unglück betroffen werben, 'to be visited by a misfortune.'

3. Now more usually über ber Freube bes Kampfes.

4. ernfthaft is less frequent as an adverb, in which sense we should commonly use ernftlich.

9. The eighteenth century is more particularly styled bas Zeitalter ber Aufflärung, 'the age of Enlightenment or Rationalism,' on account of the philosophical tendencies of the deists and freethinkers then pervading England, France, and Germany. Comp. below, 53, 9.

14. Pompabour (la Marquise de) was the mistress of Louis XV of France, and as such exercised considerable influence upon state affairs. She was born in 1721, and died on April 15, 1764.

15. Elifabeth I, Empress of Russia, daughter of Peter the Great and Catharine I, born 1709, reigned from December 1741 to Jan. 5, 1762. She was one of the bitterest enemies of Frederick in the Seven Years' War.—*Maria Theresa* (in German always Maria Therefia!), daughter and heir of the last genuine Habsburg Emperor Charles VI, whom she succeeded in October 1740. See the note to 1, 4. She died Nov. 29, 1780. Her son was the gifted Joseph II (1741-1790).

17. fein Dichteribeal, 'his ideal poet,' 'his ideal of a poet.'

21. Jean-Baptiste, Marquis *d'Argens*, Chamberlain and President of the Berlin Academy, died on Dec. 26, 1771, on a visit to his native Provence. See the note on 19, 9.

28. More commonly es would be inserted after ift, to serve as a kind of representative of the dependent clause beginning with baß.

PAGE 18

1. gefeffelt, supply ḥatte.

7. Frederick had shaped to himself a portrait of d'Argens *agreeable to his mind* (gemütlich), which portrait was, however, merely a poetic fancy (poetiſch). gemütlich usually signifies 'genial.'

13. Observe the omission of the auxiliary ḥatte in the relative sentence to avoid the sequence of four verbs.

15. Note the difference between empfindlich (sensitive = easily offended) and empfindſam (sentimental—first employed, at Lessing's suggestion, in 1768, to translate the title of Sterne's famous *Sentimental Journey*). See the note on 14, 25.—Urlaub, 'leave of absence,' is the abstract noun connected with erlauben, and meant originally Erlaubnis, especially Erlaubnis fortzugehen.

17. übellauniſch is not a common adjective. launiſch alone would be more usual ; launiſch is derived from die Laune, 'whim,' 'fancy,' M.H.G. *lūne*, which comes originally from the Latin *luna*, 'moon.' In older German it means 'phases of the moon,' 'instability of humour,' 'whim.' Cp. in French *avoir des lunes*.

18. Freundesbrief is more expressive than ein freundlicher Brief; it means 'a letter such as only a sincere friend can write.'

19. das Kranktun, 'affectation of illness'; cp. er tut nur ſo, 'he only affects it.'

20. Werwolf (sometimes spelt Wärwolf) originally means 'man-wolf' (i.e. a human being endowed with the faculty of turning himself into a wolf), from the old Germanic *wer*, 'man'; Latin *vir*. Welt, older werlt, O.H.G. *weralt*, English *world*, is also compounded with *wer*.

28. The foreign term Legitimation is often employed to denote all such papers as are prescribed by law as *pièces justificatives*. Here we might substitute the German word Rechtfertigung.

31. Stachelreden, 'cutting observations' = Reden, in denen ein Stachel iſt. Der Stachel, 'the sting.'

PAGE 19

5. vorḥielt, usually iḥm vorḥielt, 'represented to him.'

7. beḥandelt, sc. ḥabe. This omission of the subjunctive of the auxiliary in a dependent clause is peculiar to a rhetorical style.

9. The Marquis died at a castle near Toulon belonging to his sister.

13. ſei, supply gegeben after Antwort.

17. Frederick succeeded his father on May 31, 1740; Karl VI died on Oct. 20, 1740.—Monde is used in high style and poetry instead of the usual Monate.

19. The omission of the indefinite article before ſolchen is unusual.

22. ein Siebenteil: the more usual form is ein Siebentel; so Viertel, Fünftel, etc. in which the unaccented -teil appears reduced to -tel.

24. Es ist wahr is identical in meaning with the adverb zwar, which is a compression of an original ze wâre, 'in truth,' 'in sooth.' One might also say Zwar war sein Heer, etc., but this appears to have been avoided by the writer on account of the identity of sound in the first two words. —vorläufig, 'temporarily,' 'for the time being.'

26. der (which is accented) is not the article, but = der selben.

30. sich mit einem messen, 'to measure (one's strength) with some one.'

PAGE 20

2. "A.D. 1537 occurred the Erbverbrüberung: Duke of Liegnitz, and of other extensive heritages, making Deed of Brotherhood with Kur-Brandenburg;—Deed forbidden, and so far as might be, rubbed out and annihilated by the then King of Bohemia, subsequently Kaiser, Ferdinand I, Karl V's brother. Duke of Liegnitz had to give up his parchments, and became zero in that matter: Kur-Brandenburg entirely refused to do so; kept his parchments to see if they would not turn to something." Carlyle, XII. 1. Erbverbrüberung or Erbvertrag is a 'covenant of inheritance or succession.'

3. etwa, 'perhaps.'—Febern, 'pens,' 'writers in his pay.'

9. gekriegt (with long i), high style for Krieg geführt, 'waged war.' In colloquial German kriegen means 'to get,' and the past part. gekriegt is pronounced with a short i-sound.

11. dem Großen Kurfürsten, the Great Elector Frederick William of Brandenburg (1640-1688). Cp. A. W. Holland's short but very useful history *Germany to the present day*, 2nd ed., London, 1913, pp. 56-58.

14. Frederick the Great himself describes the stipulations made in the Westphalian peace (1648) with regard to Pomerania, in his *Mémoires pour servir à l'histoire de la maison de Brandebourg*: "La France qui avait épousé les intérêts de la Suède, demandait que ce royaume conservât la Poméranie, en dédommagement des frais que la guerre avait coûtés à Gustave Adolphe et à ses successeurs: et quoique l'Empire et l'électeur (Frédéric Guillaume) refusassent de se désister de la Poméranie, on convint enfin que Frédéric Guillaume céderait aux Suédois la Poméranie citérieure, les îles de Rugen et de Wollin, les villes de Stettin, de Gartz, de Golnau et les trois embouchures de l'Oder" (p. 55, éd. de Leipzig, 1875).

17. Frederick wrote the words here quoted from Ottmachau, 14th January 1741. The original French is: "Sois mon Cicéron quant au droit de ma cause, je serai ton César quant à l'exécution."

19. "Ingenious Jordan, Inspector of the poor at Berlin......writes twice a week to his Majesty: pleasant gossipy letters," Carlyle, XII. 3, who gives some specimens of this correspondence.

22. geiſtvolles Geplauber, 'spirited talk,' 'racy chat.'

25. The phrase in eine Arbeit treten or eintreten is less usual, but also more expressive, than an eine Arbeit herantreten.

28. der erſten großen Schlacht, viz. the battle of Mollwitz (10th April 1741).

PAGE 21

4. dem Freunde, Jordan. The whole passage occurs in a letter dated 3rd March 1741, and runs as follows: "Tu me trouveras plus philosophique que tu ne l'as cru. Je l'ai toujours été, un peu plus, un peu moins. Mon âge, le feu des passions, le désir de la gloire, la curiosité même, pour ne te rien cacher, enfin un instinct secret m'ont arraché à la douceur du repos que je goûtais, et la satisfaction de voir mon nom dans les gazettes et ensuite dans l'histoire m'a séduit." The rest is from a letter dated 15th March 1741: "Sans ce maudit penchant que j'ai pour la gloire, je t'assure que je ne penserais qu'à ma tranquillité."

9. ſeitab (stress on ab, notice the glottal stop before ab) is less common than abſeits, with which it is, however, identical in meaning.

11. The verb verſichern may take either the accusative or the dative of the person to whom assurance is given. In the former case the thing assured is either put in the genitive or expressed by a substantival dependent clause with daß. In the latter it is put in the accusative. Thus we may say, er verſicherte ſeine Gattin der lebhafteſten Dankbarkeit, or daß er ſehr dankbar ſei, or er verſicherte ſeiner Gattin die lebhafteſte Dankbarkeit. Verſichern with the accusative (e.g. ſein Haus) means also 'to insure.'

12. ruhiges Behagen = behagliches, ruhiges Leben. Cp. the adj. unbehaglich l. 15, and the phrase es behagt mir dies Leben, 'this kind of life suits me very well.' Cp. also das Mißbehagen, 'dissatisfaction,' 'discontent,' 22, 9.

20. die griechiſchen Gelehrtenſchulen denotes more especially the various sects of Greek philosophers, such as Stoics, Epicureans, etc. Comp. philoſophiſche Bildung in the next line.

26. Spottverſe = ſpöttiſche or ſpottende Verſe.

29. Fingerzeig, lit. 'pointing with the finger,' hence 'intimation,' 'hint.'

PAGE 22

2. ſich auftun is originally used of a chasm or abyss opening up between, and so dividing persons on either side of it.

3. ſollte...ausbilden, 'was to develop.'

5. das Menſchliche should be translated 'human *capacity*.'

12. verſteinerten, 'turned into stone,' 'stony.'

16. blieb in the sense of erhalten blieb.

19. Rémusberg, a fictitious name, with which Frederick often designates his country seat of *Rheinsberg*. Frederick writes from Sclowitz, 17th March 1742: "Je pense souvent à Rémusberg et à cette application volontaire qui me familiarisait avec les sciences et les arts; mais après tout il n'est point d'état sans amertume. J'avais alors mes petits plaisirs et mes petits revers; je naviguais sur l'eau douce, à présent je vogue en pleine mer.... Ces mouvements si violents de l'âme ne sont pas ce qu'il faut aux philosophes; car, quoi qu'on dise, il est bien difficile d'être indifférent à des fortunes diverses, et de bannir la sensibilité du cœur humain. Vainement veut-on paraître froid dans la prospérité, et n'être point touché dans l'affliction; les traits du visage peuvent se déguiser, mais l'homme, l'intérieur, les replis du cœur n'en sont pas moins affectés."

20. ungeheuer is here employed in the sense of producing an overpowering impression, 'portentous,' 'stupendous.' Cp. the following quotation from Schiller's poem *Die Macht des Gesanges* (Stanza 3):

> Wie wenn auf einmal in die Kreiſe
> Der Freude, mit Gigantenſchritt,
> Geheimnisvoll nach Geiſterweiſe
> Ein ungeheures Schickſal tritt.

The adj. geheuer is now only used in negative phrases, e.g. es iſt nicht ganz geheuer hier, 'one does not feel quite secure,' 'it is rather uncanny here.'

31. The French is as follows: "Voilà ton ami vainqueur pour la seconde fois dans l'espace de treize mois. Qui aurait dit il y a quelques années que ton écolier en philosophie...jouerait un rôle militaire dans le monde? Qui aurait dit que la providence eût choisi un poëte pour bouleverser le système de l'Europe?" (*Œuvres*, T. XVII. no. 140, p. 213).

PAGE 23

6. The peace of Breslau, which terminated the First Silesian War, was concluded on June 11, 1742 (and "in a second more solemn edition, Treaty of Berlin, July 28th following." Carlyle, XIII. 14).

7. On Aug. 15, 1744, Frederick set out from Potsdam for the Second Silesian War. The peace of Dresden, which terminated it, was signed on Christmas Day 1745 (Carlyle, XV. 15).

10. die Güte, 'the excellence.'

12. This refers to the battle of Kesselsdorf (Dec. 15, 1745), by which the war was decided.

14. Carlyle, XV. 15, speaks of Frederick's letters on the loss of his two friends as "painfully tender."

21. empfinbfam, see note on 18, 15.

23. Kehre ich..., ich werde: usually there would be an inversion: fo werbe ich: this departure from the ordinary rule serves to give emphasis, cp. 35, 31.

24. ifoliert may also be expressed by the native German vereinfamt.

PAGE 24

2. zurückrufen, 'recall,' 'call back to my mind.'

8. begann: the singular of the verb is due to the immediately preceding noun, instead of mein Schmerz und meine Tränen begannen.

10. als. As a rule wie is used after fo and ebenfo, but Freytag prefers als which usually stands after a comparative: mehr als.

15. geschieben = bahin geschieben, 'departed.'

28. wurde anspruchsvoller, 'made greater demands,' 'became less easily satisfied.'—eine einzige Erscheinung, 'a singular phenomenon.'

PAGE 25

4. Voltaire (François Marie Arouet de), the famous French poet and writer, was born at Châtenay, near Paris, Feb. 20, 1694, lived with Frederick II 1750–1753, and died during a visit at Paris, May 30, 1778. He also lived for some time in England.

5. Wesel, a small fortified town not far from the junction of the river Lippe with the Rhine.

6. für schweres Geld is colloquial, 'for a lot of money,' 'for ever so much money.'

15. er lechzte, 'he was yearning.'

18. Die schönen Geister is a direct translation of the French *les beaux esprits*. One also says die Schöngeister.

21. warb ihm die Freude: in ordinary German the word zuteil would be added.

22. Der Hofhalt. This is high style instead of the usual der Hofstaat.

29. behend, 'quick, rapid,' is a favourite word of Freytag; from *be hende* 'by (the) hand,' 'at hand,' 'handy.' So in modern German bei der Hand fein is 'to be at hand,' 'to be ready,' and hence 'to be quick, alert.' Cp. 27, 16.

30. fich...fügte, 'fitted in,' hence 'expressed itself.' Cp. 12, 23–25.

31. in feiner Lyrik, 'in his lyric poetry'; the y (ü) is long in German.

PAGE 26

1. Usually in den Augen, but one says er hat vor ihren Augen Gnade gefunden.

3. durchfahen, 'revised' (sc. his productions).

5. Ein Dichter von Beruf is 'a poet by profession,' ein berufener Dichter, 'a poet of nature's own calling,' 'a true poet.' Cp. 27, 2.

7. trivial = ganz gewöhnlich, from *trivium*, a place where three roads or streets meet, an open place in a town. Hence *trivialis*, ' what may be met with in the public streets,' ' commonplace.'—banal is derived from *ban*, the ' assembling of feudal tenants to render their military service to their lord.' It was used of those things (e.g. the lord's mill, oven, etc.) which *all* the vassals in common were obliged to make use of, and so came to mean ' what is at the disposition of all, used by all,' ' common,' ' hackneyed.' German equivalents are alltäglich, gemein, nichtssagend.

9. He was in his æsthetic criticism (criticism in matters of taste) quick to admire and ' curt to pronounce (adverse) judgment '= kurz absprechend (10).

10. in der Stille, ' secretly.'

12. hätte = haben würde, ' would have (conceded).'—Das Beste, was... erblühte, ' The best feature of....'

14. Konvenienz = hergebrachte Sitte, Herkommen, ' conventionality.'

15. Rousseau (Jean-Jacques), born at Geneva, June 29, 1712, died near Paris, June 3, 1778, the author of *La Nouvelle Héloïse*, *Émile* (on education), *Contrat Social* (theory of politics), and *Confessions* (his own life), an ardent advocate of the return to nature from the exaggerated refinement of civilized life.

17. Diderot (Denis), born at Langres, Oct. 5, 1713, died July 31, 1784, one of the principal writers of the *Encyclopédie*.—gar, ' even.'

23. Friedrichs Geschichte seiner Zeit, published in French under the title *Histoire de mon temps* (1746–1775).

24. das Denkmal forms the plurals Denkmale and Denkmäler.

26. so, wie, ' in such a way as.'

27. ein Beteiligter is one who has taken part (Teil) in a transaction.—reflektieren = sich spiegeln.

30. ein Fernstehender, ' an outsider.'

PAGE 27

2. Historiker von Fach, ' historian by profession.' Cp. 26, 5.

4. so zuverlässig, supply auch, ' however reliable.' Cp. 26, 2.

5. Apologie = Verteidigungsschrift.

7. He arranges the facts of history just as he would like to see them handed down to posterity.

16. daneben, ' by the side of it,' 'at the same time.'

18. ausgelassener Pamphletschreiber, ' an incisive pamphleteer.' The German equivalent of das Pamphlet (with a long e and the stress on the last syllable) is either die Flugschrift or die Schmähschrift.

22. Holland was in those days the principal seat of a free press, and several important papers were edited here, both literary and political.

25. Lobreden, 'eulogies,' 'panegyrics.'

27. Toleranz = religiöse Duldung or Duldsamkeit.

31. Instead of the indicative aufhielt, the subj. hätte aufhalten können would be more usual after the preceding negative clause.

PAGE 28

1. The Seven Years' War, 1756–1763, carried on by Frederick alone against the combined forces of Austria, the German Empire, France, Russia, and Sweden. England, whose Prime Minister between 1757 and 1761 was the Elder Pitt (*the Earl of Chatham*), assisted Frederick with subsidies, though not with troops.

8. A reference to a famous saying of Frederick the Great, that a king was merely 'the first *servant* of the state.' The great King has expressed this view not less than six times in his writings and always in French. For instance in his *Mémoires de Brandebourg* (*Œuvres*, I. 123) he writes: "*Un prince est le premier serviteur et le premier magistrat de l'État.*" The word also occurs in the *Testament politique*, written in the King's own handwriting. The saying is usually quoted in German as Der Fürst ist der erste Diener seines Staates. See Georg Büchmann, *Geflügelte Worte*, Berlin (many editions).

9. eroberungslustig = nach Eroberungen begierig, 'wishing for conquests.'—diesmal, when he left Berlin at the beginning of the Seven Years' War, as opposed to the spirit in which he began the First Silesian War (in 1740).

15. die Wetter, lit. 'the storms,' is frequently used in the sense of the sing. das Ungewitter. Thus Goethe says in an early poem:

Ihr Wetter, Sturm und Regen, verschont das heil'ge Holz!

17. This is an absolute construction, like that of the English, 'There he stood, hat in hand,' etc. We might also say mit seinem furchtbaren Werkzeug...in der Hand.

19. In ordinary writing one would say die (schon früher) erprobte (i.e. bewährte) Gewalt.

20. mochte = war es wohl möglich, daß er seinen Staat noch rettete.

22. One says both Östreich and Österreich. The latter is the original and still the more usual form, the name meaning 'the eastern realm.'

24. The battle of Collin (sometimes spelt Kolin, stress on -in) took place on June 18, 1757. Frederick was defeated by the Austrians under Daun (Carlyle, XVIII. 4). This battle is referred to in Detlev von Liliencron's fine poem *Wer weiss wo?*

29. zumuten usually denotes making an unreasonable demand.

31. angewiesen auf, here 'reduced to,' 'confined to.'

PAGE 29

1. brechen is here used in the sense of the compound losbrechen.

9. The spelling Hilfe is more correct than Hülfe although the latter is often met with in speaking and writing.

10. Schlachtenherr is an unusual compound; 'lord in battle.' In modern times the head of the German army was called der oberste Kriegsherr, 'the Supreme War-Lord.' The pride and devotion of Frederick's soldiers is forcibly expressed in the well-known poem *Fridericus Rex, unser König und Herr*, printed on pages 66–67.

15. allein durch, 'merely by force or by sheer force of numbers.'

17. Mitgefühl is a rendering of the foreign term Sympathie.

18. widerwilligen Lobrednern, 'grudging eulogists.' See 27, 25.

21. das Staunen = der Gegenstand des Staunens; say 'the wonder.' For the admiration and sympathy caused by Frederick's victories and defeats we may also refer to the recollections of Goethe in the Second Book of *Dichtung und Wahrheit*, his own account of his early life: see *Goethe's Boyhood* as edited in the Pitt Press Series, pp. 34 sqq.

23. "The *Oblique Order*, schräge Stellung, is an old plan practised by Epaminondas and revived by Friedrich—who has tried it in almost all his battles more or less, from Hohenfriedberg forward to Prag, Kolin, Rossbach," etc. Carlyle, XVIII. 10, where all the technicalities of this position (die schiefe Schlachtordnung) are explained.

25. Frederick's cavalry was the most excellent in the world, *though it had only been newly created*. The participial expression neu geschaffen should be translated like a sentence beginning with obgleich. Frederick's most famous cavalry leaders were Zieten and Seidlitz. See p. 68.

26. Furie = wilde Wut, the wild rage of furious fighting.

28. The indefinite article would usually be added: als ein neuer Fortschritt.

30. Taktik = die Kunst der Aufstellung für die Schlacht.—Strategie = die Kunst der Heerführung in der Schlacht.

PAGE 30

3. gegeben, supply habe.

4. zu vergleichen wären = verglichen werden könnten. Analogously to the expression employed in the next line, the compound die Minderzahl might have been used.

5. auch geschlagen = selbst wenn sie geschlagen wurde.

6. geheilt, sc. hatte. The omission of the auxiliary verb in a dependent clause is most common in poetry or a rhetorical passage.

10. Heyse's *Fremdwörterbuch* explains Lineartaktik, 'linear tactics,' as

a mode of fighting, chiefly used with infantry, in which the troops are drawn up in long lines, usually of three ranks.

12. We should understand from what precedes: wie sehr ihn die Tausende von Karren beengten.

13. The sing. der Soldat is often used as a collective term instead of the plural.

15. Roßbach is a small village about eight miles to the south of the town of Merseburg; it was there that Frederick obtained a splendid victory over the much larger French army that had been reinforced by Imperial troops, Nov. 5, 1757. Carlyle, XVIII. 8. The 'admirable march' to Silesia is related by Carlyle in chapter IX of the same book.

19. Wirte means here die Quartiergeber (those upon whom the soldiers were quartered). He strictly forbade plundering. Cp. 67, 34.

20. der Brauch is a less usual and more dignified expression than die Gewohnheit.

23. Landesmiliz, 'militia,' usually Landmiliz. See 32, 19.

24. Kolberg (in older books Colberg) was a small yet strongly fortified old Hanse town on the Baltic. Cp. Carlyle, XVIII. 13, "Though Colberg is the paltriest crow's nest, according to all engineers, and is defended only by 700 militia...Palmbach (the Russian general) could make nothing of it," and again XX. 7 (in 1761) where the 'third siege of Colberg' is narrated. The most famous siege and defence of Kolberg took place in 1806–1807 when, after the Prussian defeat at Jena, the fortress was held by Nettelbeck and Gneisenau against the most determined assaults of the French who were unable to seize it. In 1873 the town ceased to be a fortress.

26. Volkskrieg denotes here a 'war carried on by the people at large,' not by regular soldiers. Elsewhere it also bears the sense of a 'national war.'—sein ostfriesisches Landvolk, 'his East Frisian peasantry.' The principality of Ostfriesland, on the shores of the North Sea, had only just become Prussian (in 1744) by the prompt and decided action of Frederick. See W. F. Reddaway, *Frederick the Great and the rise of Prussia* (in 'Heroes of the Nations'), 1904, p. 133.

27. selbstkräftig = in eigener Kraft.

28. heimsuchen is often employed in the sense of 'visiting with heavy punishment,' hence Heimsuchung, 'a visitation,' 'an affliction.'

31. die Aushebung, 'recruiting,' 'conscription.'

1. wohl is here strongly accented, 'he knew full well.' If it had no stress the phrase would mean 'he probably knew.'

3. umsichtigen, 'circumspect,' here 'cautious,' 'prudent.'

8. Frederick is compared to a lion which, surrounded on all sides by its enemies, defends itself gallantly, but will be overpowered at last in spite of all its bravery.

9. Parteigänger, 'a partisan,' is not exactly a dignified expression when applied to Frederick II. Here it seems to be somewhat loosely employed in the sense of a Vorkämpfer, 'champion.'

14. Durch zweihundert Jahre, 'For two hundred years.' The time of the French aggressions may be said to begin with the unwarranted occupation (in 1552) of the bishopric of Metz.

15. Germany was at that time still divided into more than 300 different territories !

16. Ich setze mich gegen etwas is said after the analogy of the phrase sich gegen etwas (or einen) stellen, 'to stand at bay'; one would now say sich dem Einfluß zu widersetzen.

22. Herzensfreude, 'heartfelt joy.'—Das Reich is the German Empire exclusive of Prussia and Austria.

28. einen Held, in modern prose einen Helden. The strong declension was the usual in older German and is found in Luther's bible: ich habe einen Held erweckt (*Psalm* 89, 20), and even in young Schiller's poem *Graf Eberhard der Greiner*: Auch manchen Held...gebar das Schwabenland. But the weak forms are now exclusively used in all cases except in the nominative singular (where one still says der Held and not der Helde).

Page 32

2. Todesnot = Todesgefahr. The noun Not is often used in a rhetorical style as a synonym of Gefahr.

3. wunde Soldaten is less usual than verwundete Soldaten.—For the fact referred to, comp. the ballad *Der Choral von Leuthen* by H. Besser in the collection edited by W. Wagner in the Pitt Press Series, pp. 70–71.

9. Gleim (Johann Wilhelm L.), one of the best poets of that time, often called affectionately Vater Gleim, on account of the generous assistance he gave to younger poets, was born on Apr. 2, 1719, and died Feb. 18, 1803. He wrote Preußische Kriegslieder eines Grenadiers (1758), one of which is reproduced on pp. 62–63. These songs are a vigorous glorification of Frederick's greatest victories in the Seven Years' War. Gleim followed Prince Wilhelm von Schwedt as secretary, and was subsequently attached to Prince Leopold von Dessau in the same capacity.

10. Lessing (Gotthold Ephraim), one of the greatest writers of German literature, born on Jan. 22, 1729, became secretary to General von Tauentzien (from 1760–1765) at Breslau, where he conceived the idea of his fine historical comedy *Minna von Barnhelm* which Goethe called a

true Ausgeburt des Siebenjährigen Krieges. As early as 1759 he had written the one-act tragedy *Philotas* which is pervaded with the spirit of self-sacrificing patriotism that had been aroused in Prussia by Frederick the Great. In 1770 Lessing who had failed to obtain an appointment as Librarian of the Royal Library at Berlin, was appointed keeper of the Duke of Brunswick's Library at Wolfenbüttel. He died at Brunswick, Feb. 15, 1781.—Ewald von Kleist was born March 3, 1715, and. died Aug. 24, 1759, at Frankfort-on-the-Oder, in consequence of the wounds he had received in the battle of Kunnersdorf, Aug. 12, 1759. One of his patriotic poems on the Prussian army is given on pp. 63-64.

17. Der kleine Mann means 'the ordinary citizen in moderate.circumstances,' 'the lower middle classes.' See the note to 9, 16.—eigenes Leiden, 'his personal suffering;' persönliche Verluste.

20. aus dem Clevefchen, 'from the district of Cleves.' Cleves is a town of Rhenish Prussia, situated near the Rhine.—Ravensperg, usually spelt Ravensberg, a county (Graffchaft) that is part of Westphalia; it fell to Brandenburg in 1666; the capital of it is the important manufacturing town of Bielefeld.

21. fahnenflüchtig werden is a German rendering of the foreign term befertieren. In the next line, the colloquial Ausreißer ('runaway') is again identical in meaning with Deferteur.

27. The common expression is Anteil an einer Sache nehmen.

28. See Sulzer's letter to Gleim, reproduced in Körte, *Briefe der Schweizer*, p. 354. Die Rütlimänner are the men who met in the Rütli (a mountain-meadow not far from Brunnen in the canton of Schwyz) in order to form a 'solemn league and covenant' against the Austrian oppressors of their country. The rebellion broke out on New Year's Day 1308; the Austrian governors were expelled from the country and their castles destroyed. The independence of the confederacy of the Swiss cantons of the German Empire was not however recognized until the Westphalian peace, 1648. Every German knows the Rütli meeting from the grand scene (II. 2) in Schiller's *Wilhelm Tell*.

30. erleuchtet, instead of the foreign term illuminiert.

31. feilgeboten, 'offered for sale,' 'hawked.'

PAGE 33

1. William Pitt, the elder Pitt, subsequently Earl of Chatham, leader of the Whigs 1761-1766, Foreign Secretary 1756-1761, Prime Minister in 1766-1768.—Alliierten = Verbündeten.

3. preußisch. At Frankfurt, Goethe tells us in *Dichtung und Wahrheit*, one often said fritzisch.

4. Generäle, also Generale which is to be preferred.—The French term Clique is always used in a contemptuous sense.

6. mit etwas laut werden is an unusual expression instead of etwas laut werden laſſen, 'to come out with a thing.'

10. Der Enthuſiasmus may be rendered in German by die Begeiſterung.—Pietät = liebevolle Anhänglichkeit.

12. Philip Hackert, one of the best-known painters of the 18th century, born at Prenzlau on Sept. 15, 1737, was appointed painter to the King of Naples in 1786, and died near Florence, April 28, 1807. His life has been written by Goethe who saw much of him during his Italian journey.

14. Früchten = Obſt.—The plural ſie is employed after the sing. der Magiſtrat, 'the Town Council,' because it is considered as a collective.

18. Emden is the chief commercial town in the Prussian province of Hanover. It is situated a little below the embouchure of the river Ems into Dollart Bay. It originally belonged to East Friesland, became Prussian in 1744, Dutch in 1806, French in 1809, Prussian again in 1814, Hanoverian in 1815, and once more Prussian in 1866. It lies at the end of the important Dortmund-Ems canal.—die Barbaresken = die Bewohner der Berberei, 'the men of the Barbary States.'—Mogador (stress on the last syllable) or Sueïra is one of the principal ports in Morocco, on the Atlantic.

19. Die Löſung is less usual than das Löſegeld, 'the ransom.'

24. wie lange war es doch her, ſeit, 'since how long a time.'

25. nicht; the use of the negative is idiomatic, but not necessary.

26. vor andern = mehr als andere.

27. einer has a strong stress.

29. der Landsmann, 'compatriot,' should be carefully distinguished from der Landmann, 'peasant.'

30. vor ſich hin (gelebt), 'to themselves,' 'from day to day.'

PAGE 34

4. Das deutſche Weſen, 'the German character,' is considered as a jewel which gains by the setting (Faſſung). See the note on 2, 6.

6. durchlebten ſie, 'they experienced in their own lives.'

9. Die Flügel regen is said of the young bird first attempting to use its wings.

16. Ein geſpannter Blick, 'a strained look.'

19. der an den Grenzen des Menſchlichen angekommen iſt, 'who has reached the limits of human endurance.'

21. Queen Sophia Dorothea died at Berlin, June 28, 1757, in her seventy-first year. See Carlyle, XVIII. 5.—The misfortune of Prince

August Wilhelm is narrated by Carlyle in the same place. Frederick wrote to his brother "I do not complain of your heart, but I do of your incapacity, of your want of judgment in not choosing better methods."

27. See n. on 5, 1.

30. Einer Sache gewachsen sein, 'to be equal to a task.'

3. weiten Gassen, 'wide gaps' made by death in the ranks of the soldiers.

6. In a less compressed style one might have added the words nur or ja vielleicht noch before strenger.

7. die Bravour = Tapferkeit. Bravour was frequently used in the military language of the eighteenth century. In Lessing's *Minna von Barnhelm* (Act v. Scene 9) King Frederick of Prussia writes to Major von Tellheim : „Ich möchte nicht gern einen Mann von Eurer Bravour und Denkungsart entbehren."

8. doch, 'nevertheless,' 'all the same.' See ll. 12 and 13 'and yet.'

9. sparsam, 'sparing.'—er lebte fort (or weiter), 'he went on.'

16. Algarotti (Francesco), an Italian scholar and artist, was among the foremost of Frederick's friends. He was born at Venice, Dec. 11, 1712, and died at Pisa, March 23, 1764. Frederick conferred upon him the title of Count.—gefaßt, 'prepared.'

18. An allusion to the poison Frederick used to carry about his person.—Daun, viz. Leopold, Count von Daun; Laudon, viz. Gideon Ernest, Baron von Laudon. These were the principal Austrian generals who confronted Frederick.

19. Der ganze Handel, 'the whole business,' is a contemptuous expression in imitation of the French *toute l'affaire*.

23. Observe the subj. in the dependent clause after a verb of demanding. One might also say verdienen wohl von dem Deutschen mit Ehrfurcht beachtet zu werden.

24. herausheben is 'to single out' for notice, hervorheben is to 'bring out' into prominence, 'give emphasis to'; here the verbs would practically mean the same thing.

31. ich würde, usually so würde ich.

2. Life is often compared to a tempestuous voyage, and Death to a tranquil harbour in which the tempest-tost bark finds rest at length. Cp. Goethe's fine poems *Seefahrt* and *Meeresstille und glückliche Fahrt*.

8. The expressions employed by Frederick are of classical origin. In Greek we find that a steady worker is called χαλκέντερος, ' with iron

bowels,' and for the next we may refer to Horace's *illi robur et aes triplex circa pectus erat* (*Odes* 1, 3, 9).

13. The more usual form of the plural is bie Schredniffe. Die Schreden is, however, found in the best writers. See again l. 19.

16. Leiben is the dative, as the construction is einer Sache abhelfen.

17. The expression gefüllt mit ben Einbrüden is a manifest imitation of the French *rempli des impressions*. In German one would more commonly say, erfüllt or voll von ben Einbrüden.

19. The allusion is to the fearful devastations of the Russian troops.

20. Auf meine alten Tage, 'in my old age.'

21. Theaterfönig, a stage-king, one who merely 'struts and frets his hour upon the stage' without real sovereignty.—herabfommen is metaphorically used of 'sinking down' in the social scale, in wealth and possessions; in the present passage we might also employ herabgefunfen.

22. reizvoll = anziehenb, 'attractive.'

26. The more usual form of the apodosis would be fo foll ber Feinb es (mir) teuer bezahlen.

27. Klausner, 'hermit' (Einsiebler): eine Klause is 'a hermitage.' We find the word *chlûsa* as early as the tenth century: it is the past participle of the Latin *claudere*. The suffix -ner was used by form-association with words such as Pförtner (from Pforte) or Gärtner (from Garten). Cp. our *re-cluse*.

30. auf bie Länge, 'for any length of time.'

PAGE 37

2. Anspannung, 'exertion'; cp. the phrase alle feine Kraft anspannen, 'to exert all one's strength.'

11. mich auf ihren Weg stellen: usually mich ihnen in ben Weg stellen.

14. (Einem) für etwas stehen or einstehen, 'to guarantee (success).'

16. Streich = Fr. *coup*.—Einer Sache quitt fein means 'to be rid of it,' in as far as an account is paid. Cp. the term 'pour acquit.' In this connexion one might translate 'I have done my duty to my country.'

19. sehr entschlossen, usually fest entschlossen.

20. The idiomatic expression is sich (dat.) einen Ausweg schaffen or bahnen.—The paraphrase of the gen. (einer jeben Sorte or Art) by means of the prep. von is not very elegant.

24. frei heraus = Fr. *franchement*, 'frankly,' 'quite openly,' 'straight out.'

27. Sertorius fought in Spain against Sulla and Pompey. He alienated both Spaniards and Romans by his tyranny and was assassinated by one of his own officers, a. 72 B.C.—M. Porcius Cato (Uticensis), the stout

republican, who stabbed himself in 46 B.C. to escape falling into Cæsar's hands. Gottsched, the Leipzig dictator of taste at the time of Frederick, wrote in 1732 his famous tragedy Der sterbende Cato, largely based on material taken from an English and a French play.

29. More usually mit einem solchen Leben or mit solch einem Leben.

PAGE 38

2. The *Stoics* were the disciples of the philosopher Zeno (B.C. 340–260). They held that the happiness of the truly wise man is entirely independent of the circumstances in which he is placed, and that suicide is justifiable when life can no longer be profitably employed.—Der Moment (though it is in Latin *momentum*) = der Augenblick. Part of this letter has been translated in Reddaway's *Frederick the Great*, pp. 290–291.

5. meine Schmach means a treaty which involves my disgrace.

8. Cp. Schiller's *Lied von der Glocke*, l. 224: Ein süßer Trost ist ihm geblieben.

14. meine alten Jahre is not so idiomatic as meine alten Tage, 36, 20. But cp. the English 'my declining years.'

17. Charles XII, King of Sweden (1697–1718), the hero of Voltaire's famous *Histoire de Charles XII.* In 1759, a year before the King wrote these words to the Marquis d'Argens, he had written the essay *Réflexions sur les talents militaires et sur le caractère de Charles XII, roi de Suède* which had been sent to the press by this confidential friend in accordance with Frederick's wish. This is one of the most remarkable productions of the great King in which he showed a deep insight into the character of the Swedish conqueror and the difficulties with which he had to contend and to which he succumbed. Thus gemacht is not exactly the appropriate expression here, as the writer evidently means niedergeschrieben.

19. Stralsund, a strongly fortified sea-port opposite the island of Rügen, in the province of Pommern, held by the Swedes under Charles XII, was besieged and taken by the Prussians and their allies under King Frederick William in December 1715.

20. sich expedieren is the French *s'expédier*, a euphemistic phrase instead of sich aus der Welt fortmachen, 'to do away with oneself.'

23. für mich means 'according to my own taste,' 'to suit myself.'

26. Henry IV of Bourbon became King of France by mere chance, as three brothers of the reigning family of Valois happened to die one after the other without issue.

30. wohl oder übel is a proverbial phrase, corresponding to the Fr. *tant bien que mal.*—Louis XIV was hard pressed and almost reduced to despair in the last war he waged for the succession in Spain.

PAGE 39

2. wenn mir recht ift, 'if I am right,' 'if I am not mistaken.'

3. More commonly: feit ber Schöpfung ber Welt.

9. ber Haufen = ber große Haufen, 'the masses.'

10. fich is dat., 'like always,' i.e. 'always the same.'

18. nach allen Möglichkeiten, 'in every possible way,' is an unusual expression. The usual phrase is ich bin fo unglücklich wie nur möglich.

24. The expression ben Bogen fpannen, 'to bend the bow,' is poetic for 'exerting one's strength.'

28. Frederick had invited the great French sculptor Adam (Lambert Sigismund), but instead of him his less famous brother (Gaspar Balthasar) came to Berlin.

31. For Stoizismus comp. 38, 2.

PAGE 40

1. This means 'to make a compact with the evil one.'

2. Ein Gelübbe machen is a Gallicism (*faire des vœux*) instead of the idiomatic phrase ein Gelübbe tun.

4. In Homer's *Odyssey* the shades of the departed heroes are represented as walking on the asphodel mead, auf ber Afphobeloswiefe.

5. Frieben; the form Friebe is to be preferred.

9. Another Gallicism: *je me tirerai de l'affaire.*

12. The Emperor of Austria bears the title of *Apostolic*, the King of France that of *Most Christian* Majesty. The expression fehr mostowitifch, referring to the Empress of Russia, is, of course, ironical.

13. Frederick was treated by his enemies as a mere upstart king who ought properly to be reduced to the rank of his predecessors who were mere Markgrafen, *Counts of the Marches.* The word *Marquis* is the French equivalent of Markgraf.

16. einem and einen are used to replace the dative and accusative of the indefinite pronoun man.

18. Doch = *mais oui;* 'I shall though,' 'I am really in danger of drowning, in spite of your asseveration.' Doch has a strong stress and is opposed to Rein, l. 17.

20. begegnete is the subjunctive, 'should happen.'

23. bewillkommt, better bewillkommnet. bewillkomm(e)nen, 'to welcome,' 'to greet,' is a verb derived from the adjective willkommen, 'welcome,' lit. 'come in accordance with a person's will and wish.'

25. Frederick had published various pamphlets against his enemies in the course of the year.

30. ber alte Reſtor, a well-known Homeric ruler. In his poem *Das Siegesfest* Schiller calls him ber alte Zecher, ber brei Menſchenalter ſah.

PAGE 41

7. brei wütenbe Feinbe, see the note to 40, 12.

10. Frederick professes to take such a view of this world of ours, as might be obtained by a mere outsider who lives on quite a different planet. For a translation of this passage see Reddaway, p. 295.

16. This is a short conditional clause for wenn es etwas...zu tun gibt.

17. ſetze ich noch einige Kraft baran, 'I still throw myself into it with some energy.'

18. unter uns geſagt is properly a curtailed sentence in which ſei es is omitted. The French say merely *entre nous*, 'between ourselves.'

19. ber Enthuſiasmus = bie Begeiſterung. — ſonſt, 'formerly.'

27. Unb wer..., ber möge ſich, 'And if any one..., let him....'

PAGE 42

3. If Frederick had fallen alive into the hands of the Austrians, his liberty would have been purchased by his subjects at the price of enormous concessions which would have ruined the State. A very similar subject is treated in Lessing's patriotic tragedy *Philotas*.

6. Kinb is often idiomatically used to denote a genuine son of some land or town, e.g. er iſt ein echtes Frankfurter Kinb, 'he is a thorough Frankforter.' So in French we have the expression *un enfant du siècle*.

10. etwa may be translated by 'say.' It introduces an example chosen at random.

11. Klopſtock. Friedrich Gottlieb Klopstock (1724–1803), the famous author of many fine Odes and of the religious epic Der Meſſias, was one of the greatest poets of the second half of the eighteenth century.

12. ſein letzter Plan, 'his ultimate plan,' in case of necessity.

13. Her portrait is reproduced in Vol. IV of Carlyle's *History*.

14. unheimlichen, 'uncanny,' 'unfortunate.'

15. See *Œuvres*, XXVII. 1, no. 328, dated 17th Sept. The whole letter is given in an English translation by Carlyle, XVIII. 7.

18. The expression büſteres Behagen is elucidated by referring to lines 11–13, above.

23. Ein antiker Tob, 'death in the manner of the ancients,' by committing suicide as heroically as Cato, Brutus, Thrasea, etc.

26. Die Philoſophie aus ber Schule ber Stoa is a somewhat affected phrase in the sense of ſeine Stoiſche Philoſophie or simply ſeinen Stoizismus.

30. See Carlyle, XIX. 1, who says, "The loss of his Wilhelmina...has darkened all his life to Friedrich. Readers are not prepared for the details of grief we could give and the settled gloom of mind they indicate. A loss irreparable and immeasurable; the light of life, the one loved heart that loved him, gone."

31. ʒu tragiſch in...gegriffen hatte, 'had interfered in too tragic a manner with.' See the note on 9, 9.

Page 43

1. It would be more correct to say, bei bem größten aller Deutſchen.

4. ernſthaft is employed instead of ernſt.

10. nußten ſich ab, 'were worn out.'

11. Elizabeth of Russia (d. beginning of January 1762) was succeeded by her nephew, Peter III, a great admirer and blind imitator of Frederick the Great. He at once made peace with the King and gave back to him all the territory the Russians had occupied.

13. überwinben is not commonly used without an object; Hager points out that it is here the biblical: Wer überwinbet..., etc. (Rev. ii. 7).

15. On Wednesday, March 30, 1763, Friedrich returned to Berlin "between eight and nine in the evening," and "*not* through the solemn receptions and crowded streets, drives to the Schloss." Carlyle, XX. 13.

20. gekriegt. See the notes to 20, 9 and to 66, 4.

24. ſelbſtwillig, 'self-willed,' more usually eigenwillig.

25. Bilbungen = Schöpfungen.

Page 44

1. beſtreiten, 'to defray the cost of something.'

3. was...an Pflicht unb Laſt, lit. 'what of duty and burden,' hence 'all the duties and burdens which.'

5. The usual expression is einen in einen Kreis ſtellen (not ſeßen).

8. bie Dienſte is here used in the sense of bie Dienſtleiſtungen, i.e. the compulsory services (Fronbienſte) rendered by the serf-peasantry to the lord of the manor (Gutsherr).

13. It would, perhaps, be more correct to say ſo lohnenb wie möglich, as als is properly employed after a comparative, and wie after a positive. This rule is not, however, uniformly observed even by the best writers.

15. probuʒieren = hervorbringen, erʒeugen.—Directly afterwards, the author uses a German phrase, über bie Grenʒen fahren, instead of the foreign exportieren, which is more commonly employed.

22. maſſiver = feſter, bauerhafter.—geſünber. geſunber is equally correct.

24. Feuerſoʒietät: the usual term is Feuerverſicherungsgeſellſchaft.

25. Volksschulen are 'elementary schools.' One says eine Schule stiften, 'to endow a school,' and eine Schule einrichten or gründen, 'to found a school.'—anziehen, 'to attract,' is here used in the sense of heranziehen, 'to draw into the country.'

30. nicht ausbleiben konnten, 'were unavoidable.'

PAGE 45

1. das Schmerzenskind, 'a child brought forth and reared with pain,' 'child of many sorrows,' is a most idiomatic compound.

5. Regiment, 'rule,' 'government.' See the note on 3, 13.

6. At Rome the Pope still publishes an *Index librorum prohibitorum*.

7. kamen...gewandert, 'came straying in,' 'found their way.'

9. zum Verwundern = so daß man sich darüber wunderte, 'astonishingly.'

14. Landtuch is an unusual compound, denoting im Lande verfertigtes Tuch, 'homespun.' Cp. Landwein, 'wine grown in the country.'

17. die Subalternen = die untergeordneten (48, 14) Beamten.

22. Über eine S. sorgen is unusual: one generally says um eine S. sorgen, 'to take (anxious) thought for,' and für etw. s., 'to provide for.' Über is always used with schelten; sorgen, 'to look after,' refers to the saving, and schelten, 'to scold,' to the spending of money.

23. Konfiskation = Einziehung des Vermögens.—Verweisung = Verbannung. One says einen des Landes verweisen, 'to order some one out of the country.'

24. zu jedem Glauben ab-und zufallen, 'leave or join any church.' One usually says von einem Glauben abfallen, and einem Glauben zufallen.

28. Cp. the colloquial phrase seine Nase in alles stecken, 'to poke one's nose into everything,' i.e. 'to be meddlesome.'

31. handgreiflich, 'manifest' (in the original sense of the word).

PAGE 46

2. Die Schwedenzeit is the time when the Swedes devastated the country with fire and sword, during the later years of the Thirty Years' War.

6. dürftig = notdürftig, 'scantily.'

13. einziehen, 'to sequestrate.'

22. aufgehoben, 'abolished.'—das flache Land, 'the outlying country.' flach is contrasted with the 'towering' city.

30. sitzen. See note on 3, 27.

PAGE 47

1. Kultur = Bebauung, 'cultivation.'

4. unabsehbar (with stress on seh), 'interminable'; it was impossible to *see* the end of them.

5. fiel auf, 'it was noticed.'

8. bie Bufowiner, the inhabitants of Bukowina ('beechland'), an eastern province of Austria, surrounded by Galicia, Russia, Moldavia and Hungary.

10. Snbuftrien = Gewerbszweige.

11. Seinwandhandel, 'linen industry.' In Gerhart Hauptmann's stirring naturalistic tragedy *Die Weber* (1892) the uprising of Silesian weavers during a famine is forcibly depicted.

24. Observe the omission of the copula unb.

26. Gehalt in the sense of 'pay' is usually neuter, while ber Gehalt means 'value,' 'intrinsic worth.'—fid (dative) etwas zu gute tun is an idiomatic phrase for 'gratifying oneself in something,' 'to make things pleasant for oneself.'

27. Usually bis zum späten Abend.

PAGE 48

3. Gine Kreisftabt is the principal town of a Kreis ('circle'), 'district.' Comp. 46, 20.—ein Ginnehmer ber Steuern. The life of such a collector of taxes in a small Silesian town at the beginning of last century has been admirably described by Freytag in his novel *Aus einer kleinen Stadt.*

6. Schulz = Schultheiß (from Schuld and heißen), lit. 'one who orders the fulfilment of duties,' 'the chief magistrate of a town,' 'mayor.'—allmonat= lid (stress on monat) = jeben Monat. Thus one says alljährlich, alltäglich.

10. Besoldung = Gehalt, 47, 26.

12. The Zweigroschenftücke, 'three-penny bits,' are 'thrown down' on the table to test their metal by the sound.

17. Frederick called himself the first servant of the State, not out of mere *fancy* (Saune), but in sober earnest. See the note on 28, 8.

19. The omission of the definite article before the superlative höchste Ghre is very unusual.

21. More usually we should say in einem entlegenen Grenzort.

30. burchbringen (with stress on the first syllable) includes the notion of transporting safely and unobserved.

PAGE 49

1. The sentence begins very emphatically with unb, which may be rendered in English by translating 'and yet.'

6. zwischen Weichsel unb Memel. East Prussia is situated between the rivers bie Weichsel, 'Vistula,' to the west, and bie Memel, now often called by its Russian name 'Niemen.' The Memel district has recently been claimed by Lithuania. The capital of East Prussia is Königsberg.

NOTES

10. Immanuel Kant, one of the greatest of German philosophers who lived all his life (1724–1804) at Königsberg. He moved the whole world by his philosophy, but he never saw anything of the world outside his native town.

12. Wohl (which has a strong accent), 'indeed.'

21. Frederick and his Queen (who survived him) lived apart after the Seven Years' War. The King very rarely came to see her but always treated her with great respect.

23. The 'quiet garden' is the park of Sanssouci at Potsdam. Frederick has sometimes been called der Einsiedler von Sanssouci. See the note to 4, 23 and Geibel's poem printed on pp. 69–71.

PAGE 50

2. sollte nicht ewig bestehen, 'was not to exist for ever.'

3. The 'machinery' of the Prussian State collapsed under the weight of the attack of Napoleon, in the battle of Jena, 1806.

4. Intelligenz = Verstandeskraft or Geistesbildung.

5. Patriotismus = Vaterlandsliebe.

8. The first division of Poland took place in 1772.

12. Westpreußen. A large part of the Prussian provinces of West Prussia and of Posen had to be restored to the New Republic of Poland in 1919. Danzig (on the Vistula) became a free town, and there is now a Polish 'corridor' between the reduced province of East Prussia and what is left of West Prussia. Thus a great deal of the work of Frederick has been undone during the last few years. See the note on Danzig 52, 1.

14. This is another instance of a shortened conditional clause, instead of wenn schon...gewesen wären. See the note on 10, 23.

17. ausschmücken, 'to dress up,' denotes the putting forth of these weak arguments in the most plausible manner possible.

20. Hier, i.e. in West Prussia.

25. Landgewinn, 'acquisition of territory.'

28—p. 51, 12 is translated in Carlyle's *Frederick the Great*, XXI. 4.

PAGE 51

2. His great ancestor is the Great Elector, Friedrich Wilhelm.

4. die Aufgabe. This important task has been emphasized by Freytag (himself a Silesian) in several of his novels, especially in the second part of *Soll und Haben*, and also in *Markus König*. See the Introd. p. xiv.

5. Kultur, 'civilization.' But see 47, 1. The German equivalent of our *culture* is Bildung.

6. One might also say mit Ausnahme einiger altsächsischen Territorien.

8. Völkerwanderung is the term technically employed to denote the migrations of the Germanic tribes of the Goths, Lombards, Franks, Burgundians, etc. in the period embracing the fourth to the seventh centuries—migrations which caused the downfall of the great Roman Empire of the West and terminated in the establishment of a number of Germanic kingdoms.

13. das Ordensland Preußen is the territory which the Knights of the Teutonic Order had won by the colonization of heathenish Prussia.

14. isolierte. German East Prussia was surrounded on all sides by Slavonic tribes. The independence of the Duchy of Prussia of the feudal overlordship of Poland was recognized in the treaty of Oliva (a monastery near the city of Danzig), May 3, 1660.

15. Frederick I, with the approval of the Emperor Leopold, called himself King of Prussia, taking his title from the old Duchy of Prussia, and himself placing the crown on his head at Königsberg on January 18, 1701. It should be remembered that the Duchy of Prussia, being largely inhabited by Slavonic tribes, did not form part of the Holy Roman Empire. It may be interesting to hear the judgment of Frederick the Great on the 'resolute' act by which his ancestor acquired the royal title. He says in his *Mémoires pour servir à l'histoire de la maison de Brandebourg*, p. 116 (Leipzig, 1875): "C'était une amorce que Frédéric III jetait à toute sa postérité, et par laquelle il semblait lui dire : 'Je vous ai acquis un titre, rendez-vous en digne ; j'ai jeté les fondements de votre grandeur, c'est à vous d'achever l'ouvrage.'"

16. Poland was then a republic of nobles with an elective king at their head with but little influence.

19. Catharine II succeeded Peter III on the throne of Russia. She reigned from 1762 to 1796.—griff...zu, 'took action.'

21. Pommerellen is part of Further Pomerania (Hinterpommern). This is the ancient name of the country between the rivers Weichsel (Vistula) and Persante, to the west of the Vistula, on which Kolberg (see 30, 24) is situated. A small portion of it was handed over to Poland in 1919.— Woiwodschaft is a district under a Woiwode (a Slavonic title) meaning Statthalter, 'Governor.'—Kulm on the Weichsel, one of the oldest towns in that country, seat of a bishop and formerly an influential part of the confederacy of the Hansa.—Marienburg, on the Nogat, was founded by the Knights of the Teutonic Order (Deutschherrenorden) in 1276; it is still famous for the splendid palace of the Hochmeister, who used to reside there. Cp. Felix Dahn's stirring poem *Die Mette von Marienburg*.

22. Ermland ('Varmia' in olden times) is the name of a diocese, the

bishop of which resides at Frauenburg.—The Roman Catholic Ermland and the Protestant Masuren, the districts situated in the south-eastern corner of East Prussia, had never been Polish at all.—Elbing is a town not far from the Baltic, on the river Elbing, to the east of Danzig.—Kujavien is the name for the western part of the Old Poland.

23. Posen formed part of Poland till 1772 when, at the first partition, the districts north of the Netze were given to Prussia; the rest was added in 1793. In 1919 it became again Polish.

24. von je or von jeher, 'from the remotest time,' 'from time immemorial.' Similarly seit der Urzeit, l. 25.

25. Urzeit = alterälteste Zeit. The plural seit Urzeiten is more usual.

29. Ordensritter = Deutschherrn, Ritter des Deutschen Ordens. See 51, 13.

PAGE 52

1. Danzig, a great sea-port, on the left bank of the western branch of the Vistula, existed as early as the sixth century, and was an important place about 990, when St Adalbert preached Christianity in Prussia. Its possession was long a bone of contention between Poland, Pomerania, Denmark, and Brandenburg, but in 1310 it came into the possession of the Deutschherrn. It developed and prospered, and was one of the principal towns of the confederacy of the Hansa. When the Order lost its power and energy in the fifteenth century, Danzig became, in 1454, a free city under the Polish crown; in 1793 it was incorporated by Prussia. In 1914 it became again a Free State, called Freie und Hansestadt Danzig, under the protection of the League of Nations. The site of Danzig is so beautiful that A. von Humboldt once called it the Naples of the North.

5. Rival(e) = Nebenbuhler.—aufwärts = stromaufwärts, 'up the Vistula.'

6. Laubengänge, 'arcades,' 'covered passages.' Laube has here (as in the compound Gewerbslauben) preserved its older sense of Vorhalle and does not signify 'arbour,' 'bower,' as it now usually does.

7. Fürstenschloß, 'a princely palace.'

9. Niederung means a 'marshy lowland,' hence 'on rich lowland soil.'

12. Marienwerder was founded as early as 1232, by the first Hochmeister in Prussia.

13. The towns of Graudenz, Kulm and Bromberg are now (since 1919) within the Polish Republic, the territory of which is a wedge between Eastern Prussia (Ostpreußen) and Pomerania (Pommern). On Bromberg see 54, 27 sqq.

die Netze is a tributary of the Warthe, which flows into the Oder. See 54, 30 and 58, 28.

14. Grenzstrich = Grenzland.

17. Oliva, see note on 51, 14.—Pelplin is now the residence of the bishop of Kulm.

19. Grundherr, 'lord of the manor.'

23. brei Vierteile: the shortened form brei Viertel is commonly used.

31. bekehrungsluſtigen, 'eager to convert,' 'proselytizer.'

PAGE 53

1. troſtloſer...Zuſtände. Hence the colloquial term polniſche Wirtſchaft, 'Polish household,' 'disorderly conditions,' 'riot and confusion.'

3. Nicht gleich is more emphatic than ungleich or verſchieben.

9—54, 5 is translated in Carlyle's *Frederick the Great*, XXI. 4.

12. war...verbrannt = wenn...verbrannt war.

13. Glockenrecht is the right to summon worshippers by the ringing of bells, a privilege denied to such sects as were only tolerated. Cp. Schiller's *Wallenstein* (*Die Piccolomini*, IV. 5, ll. 2091–2093):

> Ein köſtlich unſchätzbares Pergament,
>
> Das frei Geläut und offenen Geſang
>
> Dem neuen Glauben ſichert, wie dem alten.

15. 'Wring the Lutheran, he is sure to give thee the dollar.'

24. Pfaffe, 'priest,' originally used in a good sense, has now come to be exclusively applied in a derogatory sense to bigoted priests. The honourable term is der Pfarrer or der Geiſtliche.

30. Carlyle observes that Roskowski is "a celebrated symbolical nobleman."

PAGE 54

1. brandſchatzen means to 'impose a fine upon a city with the threat of burning it in case of refusal,' 'to ravage.'

13. ärgerlich may mean here 'a source of annoyance,' 'annoying'; its usual meaning is 'annoyed,' 'angry.'—wenig geneigt means 'unfavourably inclined,' 'badly disposed.'—Das Land has here the sense of das offene Land, 'the country,' 'the district,' in opposition to the towns.

17. Troſtloſigkeit is idiomatically used to denote utter dilapidation and decay, 'hopelessness.' troſtloſe Zuſtände are 'hopeless conditions.'

18—56, 15 is translated in Carlyle's *Frederick the Great*.

20. alt = althergebracht, 'long established.'

26. Höfe = Bauernhöfe, 'farmsteads,' 'farms.'

28. noch heute, 'even nowadays,' in the present advanced state of historical research.

Page 55

4. Faktionen = Parteien.

8. Hälfe, 'necks,' the portals, projecting into the street, at the head of the flight of steps leading down into the cellars.

9. Ziegelbrocken = zerbröckelte Ziegel, 'broken bricks.'

16. zumal (stress on mal) = besonders, 'especially.'

17. die wendischen Kaffuben. The Wenden are a Slavonic tribe; the Cassubians are Wends.—On fitzen see the note to 3, 27.

20. Sauerkirschbäume. Sauerkirschen are 'common cherries.'—altheimisch = feit alter Zeit heimisch.

21. Sproffen, lit. 'sprouts,' say 'stakes.'

25. Kienspahn, 'pine-splinter,' 'pine-torch.'

27. Weihwaffer, 'holy water' = geweihtes Waffer.

28. wüft, 'brutalized,' 'savage.' Properly used of a place, 'waste.'

30. dem...unterlagen, 'in which (the brandy) played the mischief with women as well as men.'

Page 56

2. Hielten die Leute ja einmal Bienenftöcke: ja with long vowel and strong accent, conveying the sense—people seldom kept beehives, but if they *really* did,....

4. Rinde, 'bark of trees.' The Engl. 'rind' had originally the same wide meaning.

5. erftehen, 'to purchase,' as the highest bidder at an auction, then to purchase after more or less of bargaining, now often simply 'to buy.'

9. auch = fogar, felbft, 'even.' So again l. 15.

11. prügelte fich, 'fought.'

12. Bauernadel, 'country gentry.'

13. Hakenpflug is a peculiar kind of plough without wheels, much in vogue among the Slavonic tribes.

14. Holzpantoffeln, 'wooden slippers,' 'clogs,' are sometimes worn by German peasants, but are common in Belgium and France.—ungedielter (or dielenlofer), 'unboarded.'

24. Staroft = Landhauptmann, the nobleman presiding over the administration of a province. Cp. 53, 18.—Güter der Krone, 'crown domains.'

30. Geheimmittel, 'secret remedy,' 'arcanum,' 'quack medicine.'

Page 57

1. One might also employ the genitive here after the verb bedürfen. It would be more usual to say Wer einen Rock brauchte.

4. abenteuern, 'to roam about without fixed aim'; 'if there did not chance to be one roaming the country.'

5. ber mochte zufehen, wo..., 'he had to look out how he might get artisans from somewhere in the West.'

7. In a less concise style we should say es gab wenig Dörfer.

12. More commonly eine folche Erscheinung.

15. pflegen is idiomatically used of *tending carefully*, hence of superintending and administering. Thus in the phrase bes Rechtes pflegen, 'to administer law.' Hence also Luther styles Pontius Pilate Landpfleger, St Matth. xxvii. 2.—bewahrten = erhielten, 'kept up.'

16. unkräftig = schwach, ohnmächtig (l. 6).

20. Händel is especially used of 'quarrels.'

25. verlaffen, 'desolate,' i.e. von Gott und Menschen verlaffen.

28. Prairie (originally a French word) is the term technically applied to the wide-stretching open plains in the interior of America.

PAGE 58

5. großartigen Weife, 'grand way.'

6—59, 2 is translated in Carlyle's *Frederick the Great*.

7. Lieblingskind, 'favourite child.' Cp. Schmerzenskind, 45, 1.

10. Noch dauerte, 'was still going on.'

15. Landrat, 'sub-prefect,' is the title of the head of the administration of a Prussian district.

16. Kirchengemeinde = Kirchspiel, 'parish,' 52, 25.

17. The expression Kompagnie appears to be intentionally used in order to suggest the idea of military discipline in these schoolmasters.

19. Semler (Johann Salomon), a well-known Protestant divine who lived at Halle and did much to promote university studies and education generally.

21. Ziegelstreicher, 'brick-maker.'

23. Straße auf Straße, 'street after street,' also eine Straße nach der andern.

24. bie Staroſteien, 'the domains of the governors.' See 56, 24.

25. ausſtecken denotes the process of 'setting out' boundary stones, hence 'to mark out,' 'to lay out.'

PAGE 59

1. Wafferader, 'a vein of water,' is used to denote 'a canal.'—entſumpfen, 'to drain,' 'to remove what had been a swamp (ein Sumpf).'

6. The Germans had been the earliest colonists and tillers of the soil of what they called bie Oſtmarken, 'the Eastern marches.'

10. wie would be more correct than als; cp. the notes on 24, 10 and 44, 13. After the acquisition of Weſtpreußen Frederick called himself no longer König in Preußen but assumed the title of König von Preußen, i.e King of the whole of Prussia, Western as well as Eastern.

14. ſich öffnen, 'to disclose oneself,' is more especially used of 'disclosing one's heart' or 'innermost thoughts,' ſein Herz öffnen or aufſchließen.

16. In one of his most remarkable essays, *De la littérature allemande*, Frederick the Great prophesied its future grandeur. He thought he could discern the dawn of a great future—he was not aware that the sun had already risen! The concluding sentences of this pamphlet are as follows: "Ces beaux jours de notre littérature ne sont pas encore venus; mais ils s'approchent. Je vous les annonce, ils vont paroître; je ne les verrai pas, mon âge m'en interdit l'espérance. Je suis comme Moïse; je vois de loin la Terre promise, mais je n'y entrerai pas...." See Ludwig Geiger's handy edition (Berlin, 1883), p. 37, 28–33, and cp. Geibel's poem *Sans-souci*, p. 71, ll. 49–54. Lessing, Wieland, Herder, the young Goethe had produced a number of great works during Frederick's life-time, but either he did not know them or he failed to appreciate them.

17. ergrünen, lit. 'to grow green,' hence 'to grow up.'

22—60, 6 is translated in Carlyle's *Frederick the Great.*

25. groß = großartig, 'grand.' Cp. 58, 5.

28. ſo gar nichts, 'of not the slightest importance.'

29. ärgerlich, 'vexatious.' Say 'a sorry blunder.' Cp. 54, 13.

30. aus dem Dienſt jagen, lit. 'drive out of his service,' hence 'dismiss summarily,' 'discharge on the spot.'

PAGE 60

4. voraneilte = 'outstripped,' 'outran.'

6. dem nicht irdiſches Leben die Glieder; one might also say deſſen Glieder kein irdiſches Leben bewegt.

8. das Größte wie das Kleine überſehend. The King's interfering in small details was cleverly criticized by Lessing in his fable *Das Geschenk der Feien (Prosafabeln*, Book III, No. 4).

9. It is, perhaps, out of mere fancy that the writer deviates from the ordinary usage of the language which demands in this phrase the superlative das Kleinſte in parallelism with the preceding das Größte.

13. doch (which has a strong stress), 'after all.'

14. ſich in etwas finden, 'to put up with something,' 'to submit to something.'

18. Any little trait of human feeling brought the picture they had of the King's superhuman character a little nearer to their own conceptions, and thus rendered it more familiar.

19. So einſam ſein Haus und Garten war, 'Lonely as...were.'

30. Frederick died 17th August 1786, aged 74.

PAGE 61

3. Einem etwas abringen, 'to gain something from a person by wrestling,' 'to wrest something from some one.' See sich heraufrang 1, 2.

5. erkämpft (hatte), hatte. The first hatte is omitted for the sake of euphony.—3ufällig, 'merely accidental.' Frederick had come to consider all earthly glory to be a mere matter of chance.

10. poetisch, 'in poetic fashion.' Cp. 18, 7.

13. This is a Gallicism: *et il finit par mépriser*. In German one would either say er endigte damit, daß er...gering achtete, or schließlich (zuletzt, am Ende) achtete er die Einzelnen gering.

14. während sich ihm (cp. 60, 6 n.) das Bedürfnis...immer stärker erhob: one might also say für ihn or in or bei ihm.

22. niemanden is the accusative. The accusative niemand is now more usual and should be preferred. One might also say keinen.

25. Staatsleben, 'political life.'—unserer Kunst. The weighty testimony of Goethe should be noted who writes in the seventh book of *Dichtung und Wahrheit*: „Der erste wahre und höhere eigentliche Lebensgehalt kam durch Friedrich den Großen und die Taten die Siebenjährigen Kriegs in die deutsche Poesie...."

PAGE 62

(1)

For Gleim see note on 32, 9. About Gleim's patriotic songs Goethe says in the seventh book of *Dichtung und Wahrheit*: „Die Kriegslieder, von Gleim angestimmt, behaupten deswegen einen so hohen Rang unter den deutschen Gedichten, weil sie mit und in der Tat entsprungen sind, und noch überdies, weil an ihnen die glückliche Form, als hätte sie ein Mitstreitender in den höchsten Augenblicken hervorgebracht, uns die vollkommenste Wirksamkeit empfinden läßt."

4. We should supply sei from the preceding sentence.

5. seine Taten, 'the deeds he requires of me.'

6. The verb nehm' ich should be understood.

8. The arms are hung up on the wall on the return of peace. Then the soldier may turn to poetical composition. hangen is an older and more poetic form than the usual hängen.

13. He called his songs *Lieder eines preussischen Grenadiers*, but he himself never served in the ranks.

14. Friedrichs Mut is 'courage like Frederick's.'

17. The thought is: if I fall, I shall surely fall like a hero. This is very briefly and concisely expressed.—noch sterbend is an instance of a loose participial construction, inasmuch as it is not the sabre but the hero who dies. In ordinary prose one would say noch sterbend führ' ich den Säbel, or noch in meiner sterbenden Hand droht der Säbel.

PAGE 63

22. It would be more correct to say als instead of wie.

23. ihn, i.e. ben Helbentob.

26. Dir = in beinem Dienſte.

27. Sternenzelt, 'the starry canopy (of heaven).'

28. Apoll is a shortened form of the name of the god *Apollo*, the patron of poetry and music, as *Mars* is of war.

30. Dem Schutz = bem Schützer. Aus bem Schutz werbe ber Ruhm bes Staats. The grenadier who is ready to defend and, if necessary, die for the State, will become an ornament (eine Zier = ber Ruhm) of it, in case peaceful leisure should allow him to tune his harp in praise of the great King.

31. Zier, 'the beauty.'

32. Just as the Roman lyric poet Horace praised the Emperor Augustus in his Odes, Gleim proposes to become Friebrichs Horaz, i.e. to sing of Frederick's deeds. See 71, 45.

33. Einen ſingen is more poetical and less usual than einen beſingen. Klopſtock says Ich ſinge, mein Vaterlanb, bich bir.

(2)

For Ewalb Chriſtian von Kleiſt see note on 32, 10.

2. Legionen Feinbe = Legionen von Feinben.

3. The goddess of Victory is represented as winged, a conception familiar to the ancients.

6. Connect macht with verſinken as well as with beben. macht is a Gallicism; one would now prefer läßt.

PAGE 64

9. Envy is meagre and thin, because full of grudging and longing, never content; ſchiel, usually ſcheel, 'squinting,' is here used figuratively, meaning 'sour,' 'jealous.'—niebertrāchtig is here used as a synonym of bösartig, gemein, roh.

10. Weſt refers to France, Süb to Austria.

11. Norbens Höhlen—an allusion to Sweden, Oſts—to Russia.

15. Schwarm suggests the idea of a disorderly and undisciplined crowd or mob.

16. blitzen and nieberblitzen, 'to flash from on high,' are often used of the sudden coming down of a sword, like lightning.

18. The 'heroes still unborn,' the 'heroes of the future.'

19. Friebrich (the original form of the name) is the accusative.

20. The first victories of Frederick the Great had been obtained in the mountainous parts of the North of Bohemia.

21. ſchone...ben Landmann. Cp. 30, 12–20.

24. Kroaten, the rudest and most savage of the Austrian soldiers.

27. In Ungewittern is poetical instead of the simile wie Ungewitter.

32. empfahn is archaic and poetical for empfangen.

33. Himmel is the plural. Cp. Die Himmel rühmen des Ewigen Ehre.

34. wenig, 'a few,' is explained by kleinen Haufen in l. 35.

PAGE 65

(3)

Daniel Schubart (1739–1794), one of the minor verse writers of the century, was confined for many years in the fortress of Hohenasperg, in Würtemberg, on account of the hatred he had expressed in his writings for despotic government. Young Schiller was strongly influenced by his older Swabian countryman. Schubart obtained his liberty through the present dithyrambic poem of which only the beginning is here given as a specimen of Schubart's style.

2. Friedrichs Tatenruf = der Ruf von Friedrichs Taten. So again l. 7.

4. vor Freuden. The plural in this phrase is not unusual with older authors. Luther writes beide weineten vor Freuden (*Tobias* xi. 11), while Schiller has In den Armen liegen ſich beide und weinen vor Schmerzen und Freude (*Die Bürgschaft*, ll. 128–129).

5. galt für, 'was taken for'; the boy's tears stood instead of song, for which his tongue was not yet ripe. Cp. l. 25.

9. ungeſtüm, 'violently'; in prose one would say mit Ungeſtüm.

10. Drein zu ſtürmen, as it were, 'to pour tempestuously into it,' to make the harp the instrument of enthusiastic expression.

11. Sonnenberg means a mountain whose top is illumined by the rays of the sun. Schiller says auf des Glaubens Sonnenberge.

14. Kleist was a poet and a soldier at the same time.

16. The bold words and verses of poets are not unfrequently compared to arrows. Feuerpfeil (or Brandpfeil) means an arrow which carried fire.

17. The common form is die Granate; but as one always says Grenadier (originally = ein Granatenſchleuderer), the poet has ventured on the unusual form Grenabe, borrowed from the French *la grénade*.

18. Ramler (Karl Wilhelm), born at Kolberg 1725, died at Berlin 1798, wrote numerous poems on Frederick the Great. His poetry, much appreciated in the eighteenth century, is now forgotten.—Flaccus = Horatius Flaccus. Ramler had translated Horace. See 63, 32.

19. einigt = verbindet (in prose).

20. Willamov (Johann Gottlieb), 1736–1777, was once known as a writer of dithyrambic poetry. He is now no longer read.

21. Dithyrambensturm = stürmende Dithyramben.—wirbeln means 'to whirl round' with great rapidity; here it should be understood of the rapid style and impressive description peculiar to dithyrambic poetry.

22. Anna Luise Karsch (commonly called die Karschin), a poetess once considered a kind of prodigy (1772–1791), wrote lyrics conspicuous for occasional outbursts of great natural talent. (Hence Natur, l. 23.)

27. Wogendrang, 'rush of waves.' The admiration and love the poet feels for the great King rush upon him like the waves of the sea.

Page 66

30. Donnerhöhe, 'the height on which thunder dwells.'

31. gesteint is much less common than steinig, 'rocky.'

32. The poet compares his dithyramb to a 'torrent of burning lava' (Feuerstrom) streaming down the rocky sides of the hill on which his prison lay.

36. Nachtpfad, a path involved in dark night. Frederick was guided by Providence through many a dark region, and many visitations, till he reached the sanctuary (Heiligtum) of greatness.

39 sq. Frederick was compelled to witness the execution of Katt at Küstrin in 1730. The name is properly von Katte. The young lieutenant was sentenced to death by a court-martial because he had taken part in the attempt of the Crown Prince to flee to England. See 7, 22.

41 sq. The infuriated King, Frederick William, wished the officers of the Court to pass sentence of death on the Crown Prince as well for his attempt at flight. The officers, however, refused to do so. See 7, 22.

(4)

1. Fridericus Rex. This poem, written by the Silesian Wilibald Alexis (pseudonym for Wilhelm Häring), appeared for the first time in 1832 in his first historical novel *Cabanis*. In this remarkable production capital pictures are given of the life of the Prussian soldiers during the Seven Years' War and of their devotion to their heroic King. The poem, which well expresses the spirit of Frederick's army, at once became very popular and has often been reprinted in German Soldiers' Song-books (usually reduced to six stanzas). It was set to music in 1837 by the well-known composer of songs, Carl Löwe (opus 61ᵃ), who made skilful use of the stirring Hohenfriedberg march, the composition of which was ascribed to Frederick himself. Thus Löwe wished to celebrate the great King by varying his own tune. The song is still sung in Germany and is easily

accessible, with the music, in the excellent *Volksliederbuch für Männer-chor*, Leipzig, C. F. Peters [1906], Vol. I. 631–639, and also, arranged for the piano, by Ferdinand Radeck (*Königl. Preuß. Armee-Marsch* II, 198, *Grenadier-Marsch: Fridericus Rex*), Berlin, Bote und Bock.

3. Bataillons, now Bataillone. The French form *bataillons* was usual in Frederick's time.—an bie, 'up to,' 'about.'

4. friegt' (ie in this case to be pronounced short) is colloquial for befam. See ll. 20 and 32, and cp. the notes on 20, 9 and 43, 20.

5. verfluchten, 'confounded.'—Kerls is very colloquial instead of Kerle. The strong expressions used throughout the poem by the King and his soldiers are characteristic of the time.

6. Daß for seht zu, baß, 'see that,' 'be sure that.' Bataille would now never be used (instead of Schlacht) by officers speaking to their men.

7. bie Grafschaft Glatz was formerly a bone of contention between Bohemia and Poland; since 1534 it was usually owned by Austria, in 1742 it was given up to Frederick in the peace of Breslau, at the conclusion of the First Silesian War. Glatz is now part of the district of Breslau.

Page 67

9. Die Kaisrin is Maria Theresa, Queen of Austria, wife of the German Emperor Francis I. Cp. 1, 4 and 17, 15.

10. bas Römische Reich, i.e. the greater part of the old German Empire, styled officially bas Heilige Römische Reich Deutscher Nation.

11. Die Russen. They were the allies of Austria from 1746 till the death of the Empress Elizabeth of Russia, in 1762. Their retirement from the Seven Years' War saved Frederick from being crushed by his enemies. In October 1760 Berlin was actually occupied for a short time by the Russians.

13. Schwerin, one of Frederick's most trusted generals, was killed, at the beginning of the Seven Years' War, in the victorious battle of Prague (1757).—Keith. Jacob von Keith, a Jacobite, and refugee from Scotland, entered the Prussian army in 1747, became a confidential friend of King Frederick, took a prominent part in some of his battles, and was killed in the battle of Hochkirch (1758). A fine street in Berlin still bears his name—which should be pronounced in the German way riming with bereit.

14. Zieten. See 68, 1.

15. Kot, now usually Pot, instead of Gotts. Pot Blitz for Gottes Blitz. Cp. the French *morbleu* for *mort (de) Dieu*.

16. ben Frig, the familiar name given by the soldiers to their king. See 68, 14; 70, 18. He was often called ber alte Frig, see 71, 1.

17. abjö, a popular spelling for abieu that was much used in the eighteenth and in the nineteenth century. One now says Lebewohl. —Lowife, the popular form for Luife, 'Louise.'

19. apart = gerabe, genau, 'exactly.' The second a is short and the final t must be pronounced.

26. feiner...nicht. In popular emphatic style the negation is often doubled in German. This is quite common in older German. Luther writes: Saget niemand nichts, and Gretchen says to Faust about the cynical Mephistopheles: Man fieht, baß er an nichts feinen Anteil nimmt.

27. Die Schweden were also enemies of Frederick.

29. A contemptuous allusion to the French whom Frederick had beaten with a much smaller army at Rossbach in November 1757. See 62, 8.

30. bei Heller unb Pfennig, 'to the last farthing.' ber Heller is the smallest copper coin once current in several German states and in Austria. Heller stands for Heller (or Häller) Pfennig, i.e. a Pfennig coined at (Schwäbisch-) Hall. Before the World War the value of a Pfennig was about a tenth part of a penny.

32. Traftament, an old fashioned foreign term for Löhnung, 'pay.'

34. permittiert for the present erlaubt. See 30, 10–22.

PAGE 68

(5)

Der alte Zieten. In older books the name is often spelt Ziethen. This poem is written in a very old popular metre common at the end of the fifteenth and the beginning of the sixteenth century and directly descended from the popular stanzas of the great national epic of the thirteenth century *Das Nibelungenlied*. The poem is also printed as No. XXXII of the *Book of Ballads on German History* published for the Pitt Press Series by Wilhelm Wagner, Cambridge, 1877.

1. Joachim Hans von Zieten. "A remarkable Prussian Hussar major [subsequently general], the famous Ziethen," is the expression of Carlyle in *Frederick the Great*, Book XII. ch. 13; "a rugged simple son of the moorlands; nourished, body and soul, on orthodox frugal oatmeal (so to speak), with a large sprinkling of fire and iron thrown in! A man born poor, son of some poor squirelet in the Ruppin country—a big-headed, thick-lipped, decidedly ugly little man. And yet so beautiful in his ugliness: wise, resolute, true, with a dash of high uncomplaining sorrow in him. One of the best Hussar-captains ever built. By degrees King

Frederick and he grew to what we might call sworn friends." There were ever so many anecdotes current about the King and his general who, for the sake of the swiftness and unexpectedness of his dashing attacks was nicknamed 3ieten auß bem Buſch (lines 8 and 48). A sympathetic picture of Zieten during a very trying day preceding a great victory of Frederick is given in Walter von Molo's recent novel *Fridericus*, the first part of the novel trilogy *Ein Volk wacht auf*.

The author of this popular poem, the Prussian Theodor Fontane (1819–1898), began his literary career by writing a large number of fine ballads, many of them connected with English and Scottish history, the finest of which is *Archibald Douglas*. He also celebrated in his poems generals and statesmen famous in Prussian history, and of such poems *Der alte Zieten* is a good example. Some others of the same kind are *Der alte Derffling*, *Der alte Dessauer*, *Seidlitz* (another famous cavalry general of Frederick). They are all written in the same old popular metre as *Der alte Zieten*. In later life Fontane turned to the writing of novels, all of which deal in a masterly way with Prussian subjects and conditions.

3. bie Stirne bieten, 'to show a bold front,' 'to face boldly.'—tät'... bieten is a popular paraphrase of bot. This paraphrase with tun which was fairly common in the language of the sixteenth and seventeenth centuries is no longer admissible in good prose but survives in poetry, and also in familiar and dialect language. tät in these paraphrases is not to be mistaken for a *subjunctive*; it is the indicative and represents the old German reduplicating preterite O.H.G. *teta*, M.H.G. *tete*.

6. einem ben Pelz waſchen is a popular expression, meaning 'to give a person a good drubbing.'

7. Leibhuſaren, 'hussars of the body-guard.'

9. bleuen, 'to thrash,' is sometimes wrongly spelt bläuen. It is not connected with blau.

10. In the battle of Lowositz or Lobositz, Oct. 15, 1756, the Austrian general Brown was beaten; the victory of Prague (see 67, 13) was obtained on May 6, 1757. The battle in the neighbourhood of Liegnitz was fought on the 15th of August 1760; the battle of Leuthen on the 5th of December 1757. They were all victories obtained during the Seven Years' War; the enumeration in the poem is not strictly chronological.

13. The battle of Torgau (Nov. 3, 1760) was won by Zieten alone, after the King, 'even Fred,' had left the field of battle.

15. ausfehren, 'to sweep clean.'

21. In prose one would say es erwies ſich feiner träge.

23. ein falter Schlag' is a stroke of lightning which does not cause fire.

25. Der Friede is the peace of Hubertusburg (in Saxony), concluded on February 21, 1763, by which the great war (1756–1763) came to an end. In it Prussia obtained the undisputed possession of Silesia.

27. Schlachtgenoffen, 'comrades in war.'

28. Durchlebten's. es refers to Krieges Luft und Qual (l. 26).

PAGE 69

29. The Austrian Commander-in-Chief Daun was a great *cunctator* (Zauberer) in his method of warfare. See 35, 18.

37. mir is the ethical dative and is not to be translated.

46. im Hufch, 'all of a sudden'; der Hufch denotes a sudden and unexpected movement.

(6)

Sansfouci. See the note on 4, 23.

The author of this poem that is intentionally written in free imitation of the fashionable classical French *alexandrines*, of which King Frederick was particularly fond, is Emanuel Geibel. He was born in the free city of Lübeck in 1815, travelled extensively, lived for sixteen years in Munich as the recognized and much-loved head of a band of lyric poets, and died in his native town in 1884. He is above all a writer of first-rate lyrics of all kinds, including many poems dealing with political and literary subjects. Geibel's poems are distinguished by his great skill in the handling of all kinds of metrical forms and by a remarkable loftiness of thought and feeling.

2. Steintritonen, 'Tritons cut out of stone.' Tritons were supposed to live in the sea, being of a human form in the upper part of their bodies, and of that of a fish in the lower part. The chief characteristic of Tritons in poetry as well as in works of art is a horn made out of a shell which they blow at the command of Poseidon, to soothe the restless waves of the sea. If they were in the middle of the ocean and blew their trumpets the sound was said to be so tremendous that all the coasts in the East and in the West re-echoed.

3. die Nymphe. Nymphs were female divinities of lower rank with whom the Greeks peopled all parts of nature. They belong to the earth as much as to the water and were supposed to lead an idyllic retired life near springs and streams, in mountains, woods and grottoes, far from the noise and bustle of the world.—des Beckens Schoß, 'the middle of the basin.'

4. Flora was the Roman goddess of flowers and spring.—in...Mitten,

or inmitten, 'in the midst of.' Mitten is an old weak dative of die Mitte, now replaced by Mitte (in der Mitte).

5. Laubengänge, 'arboured walks,' 'arboured alleys.' They are as artificial as the French verses. But see 52, 6 note.

6. This refers to the monotonous alexandrines as written by N. Boileau-Despréaux (1636–1711), the much admired poet and critic, author of the *Art poétique.*

PAGE 70

7. frember Vogelstimmen instead of Stimmen frember Vögel. The adjective does not qualify the compound noun but only the first part of it.

12. des Abends Feuer refers to the glow of the setting sun.

16. dreigespitzter (or dreispitziger), 'three-pointed.' The 'three-cornered hat' and the 'crooked stick' (Krückstock, l. 17) were characteristic of King Frederick.

der Schläfe Weichen is poetic for die weichen Schläfe, 'the soft temples.' Schläfe is the plural of der Schlaf, 'temple,' which is now only used in this meaning in high style. The usual term is die Schläfe, plural die Schläfen. die Weichen is the plural of the poetic die Weiche, 'the softness.' For the construction, which is an imitation of the ancient Greek, cp. Schiller's des Bogens Kraft = der kräftige Bogen, and Milton's *where the might of Gabriel fought = mighty Gabriel.*

20. Kunersdorf (or Kunnersdorf) and Hochkirch were two battles of the Seven Years' War in which Frederick was defeated, Roßbach and Leuthen two of his most glorious victories. See the notes to previous passages.

22. gegrollt (viz. hatten), 'had roared.' grollen (or rollen) is often said of thunder.

26. schlachterstärktes = in der Schlacht (or in Schlachten) erstarktes, 'waxed strong in war.' This is a fine and true appreciation of Frederick's endeavours as a humane and enlightened legislator.

27. jüngst, 'quite recently,' refers to the Seven Years' War.

28. verkläre, note the subjunctive. The King wrote many French rimes and epigrams addressed to the members of his Tafelrunde at Sanssouci, especially during the happy years from 1745 to 1756.

29. Voltaire was a member of Frederick's Court from 1750 to 1753, i.e. before the outbreak of the Seven Years' War. See 25, 4.

32. Mondenlicht. In Mondenlicht and Mondenschein the old weak genit. sing. of Mond survives; in Mondesglanz the new strong form is used. The compound Mondlicht in which both parts of the compound are simply put side by side in the nominative also occurs.

33. die sanfte Flöt'. See the note on 13, 23.

34. This line and the following refer to the execution of Lieutenant von Katte. See the notes to 7, 22 and 66, 39.

35. aus fieben Feuerröhren. Feuerrohr, lit. 'fire-pipe,' means a 'gun.' Lessing uses the word in the same sense. As a matter of fact, Katte was not shot, but beheaded.

PAGE 71

37. Zeigt ihm...ein Gesicht, 'Does a vision show him?'

38. Aar, 'eagle,' is now only poetic, the ordinary word being Adler. It is interesting to notice that Aar, M.H.G. *ar*, was the ordinary word in older German, the modern Adler being a compound, M.H.G. *adel ar*, 'noble eagle.' The Prussian eagle is a single eagle, the Austrian eagle is a double eagle in the coat of arms of each country. Hence the Doppelaar refers to Austria defeated by Frederick.

40. lausche, the subjunctive 'may listen,' 'will perhaps listen.'

42. das alles. It is neither the past nor the future of which the King is thinking. Lines 19 to 41 give a sympathetic picture of the aims, achievements, and many-sided activities of the great King, as a soldier, a legislator, a poet, a musician. The last two stanzas are intended to bring out in a striking manner the tragedy of his later life. He frets about the present and does not understand the change that has taken place in his time. Cp. 59, 16–17 note.

43. murrt, 'murmurs,' 'mutters,' 'grumbles,' an onomatopoetic verb.

44. He deeply regrets that the people from which he has sprung and over which he rules is devoid of the feeling for poetry; saying that the picture of the Muse (the enthusiasm for art and literature) has never appeared to it. This criticism is true on the whole, for the poets Gleim, Ramler, E. von Kleist were not stars of the first magnitude, and Lessing was not a Prussian by birth but a Saxon.

45. Horaz. See the note on 63, 32.

46. fremden Schwan refers to the Frenchman Voltaire.

50. der junge Goethe. It is not stated when exactly the scene depicted in this poem is supposed to have taken place, but it seems probable that we ought to think of the end of the King's life when he composed his remarkable pamphlet on the literature of his time. See the note to 59, 16. Frederick died on August 17, 1786. At that time some of the best works of Wieland and Herder had appeared unnoticed by the King, and young Goethe had produced some of his finest lyrics, had published *Götz von Berlichingen* and *Werther*, while *Egmont, Iphigenie* and part of *Faust* had been written and were known to many of Goethe's friends although

they only appeared in print a few years later in the first authorized edition of Goethe's works.

53. welſchen means here 'French.' In older German the adjective denotes 'Italian,' and das Welſchland still means 'Italy.'—The Taxusheden, 'yew hedges,' are cut uniformly according to strict rules, as in the French parks of Versailles, while the original German poetry of Goethe and his contemporaries that is contrasted with the artificial French productions is called der freie Dichterwald.

(7)

I

. Geharniſchtes Sonett, 'harnessed sonnet,' 'sonnet clad in armour.' Friedrich Rückert was born on May 16, 1788. As the state of his health did not allow him to take an active part in the rising of Germany against Napoleon in 1813, he poured out his ardent patriotism in a number of powerful Geharniſchte Sonette that were first published in 1814 in a collection called *Deutsche Gedichte* under the author's assumed name of Freimund Reimar. Two of the best that refer to Frederick the Great are here reproduced. In the early nineteenth century the writing of sonnets had become very fashionable among German poets, even Goethe having for a time fallen in with the movement. But the subject of most of the German sonnets produced at that time was either love or meditation. Rückert's sonnets were different. The warrior when he rides to the fight dons his harness. By choosing this title Rückert wished to indicate that his sonnets were conceived in a warlike spirit, challenging the French oppressor. During a long life—he died in 1866—Rückert produced a large number of fine lyrics, also many clever contemplative poems, and, being a great Oriental scholar, a number of excellent translations from Oriental languages.

1. Der alte Fritz. The calling up of the inspiring figure of the great Frederick was an obvious device for the poets of the War of Liberation and occurs also in the poetry of other contemporaneous authors.

drunten in den Nächten, Homeric for 'the Nether world.'

3. weil for dieweil, die Weil (Weile), 'while,' now in prose während.

7. Sein alter Bruder, viz. Prince Ferdinand of Prussia, the father of the highly gifted Prince Louis Ferdinand who fell in a skirmish preceding the battle of Jena (1806). The old Prince Ferdinand died at Berlin on May 2, 1813. Hence he descended von droben. The famous appeals of Frederick William III to his people and to his army, *An mein Volk* and *An mein Kriegsheer*, which were the signal of the rising of Prussia against